财经类专业"十三五"规划教材

出纳实务

主编 史建军 杜 珊

江苏大学出版社
JIANGSU UNIVERSITY PRESS
镇 江

内 容 提 要

　　本书基于系统化工作过程,从出纳工作的本质出发,总结出以下 5 个具有代表性的工作模块。学习情境一:认识出纳岗位,该模块引入典型情境任务,以出纳员的角色来认知出纳岗位;学习情境二:掌握出纳技能,该模块引入典型情境任务,以出纳员岗前需要掌握的出纳技能为主线,要求出纳上岗人员掌握出纳技能,为出纳上岗做准备;学习情境三:走上出纳岗位,该模块引入典型情境任务,要求出纳人员了解岗前交接工作;学习情境四:出纳现金业务,该模块引入典型情境任务,以工作时间为主线,要求出纳人员掌握办理现金业务的相关技能;学习情境五:办理银行业务,该模块引入典型情境任务,要求出纳人员掌握有关银行结算业务的相关知识和技能。

　　本书适用于财经类院校会计、财务管理专业及会计电算化专业开展的出纳岗位实务操作,也可作为自学会计人员岗前培训的教材使用。

图书在版编目(C I P)数据

　　出纳实务 / 史建军,杜珊主编. -- 镇江 : 江苏大
学出版社, 2017.8
　　ISBN 978-7-5684-0552-2

　　Ⅰ. ①出… Ⅱ. ①史… ②杜… Ⅲ. ①出纳－基本知
识 Ⅳ. ①F233

　　中国版本图书馆 CIP 数据核字(2017)第 192088 号

出纳实务
Chuna Shiwu

主　　编 / 史建军　杜　珊
责任编辑 / 张　平　彭亮亮
出版发行 / 江苏大学出版社
地　　址 / 江苏省镇江市梦溪园巷 30 号(邮编:212003)
电　　话 / 0511-84446464(传真)
网　　址 / http://press.ujs.edu.cn
排　　版 / 北京金企鹅文化发展中心
印　　刷 / 北京市科星印刷有限责任公司
开　　本 / 787 mm×1 092 mm　1/16
印　　张 / 13
字　　数 / 300 千字
版　　次 / 2017 年 8 月第 1 版　2017 年 8 月第 1 次印刷
书　　号 / ISBN 978-7-5684-0552-2
定　　价 / 35.00 元

如有印装质量问题请与本社营销部联系(电话:0511-84440882)

前　言

　　《出纳实务》采用"基于工作过程系统化"的编写思路，以"目标"为纲，任务驱动，采用情境式导入，注重理论联系实践，实现理实一体化菜单式实训，体现了职业教育的教学规律。

　　《出纳实务》具有以下几个方面的特点：

　　❖　以工作任务为引领

　　根据《中华人民共和国会计法》的规定，出纳会计是各类企事业单位必设的会计工作岗位。本书打破了以往会计专业学科课程的束缚，以工作任务为中心来整合设计相应的知识和技能。本书以出纳会计岗位的各项工作任务为线索进行归类和划分模块，采用工作任务引领、典型业务案例导入、相关理论业务知识和操作技能跟进、实践进行检验的方式，让学生在一定的工作背景描述下，学习出纳会计岗位的业务处理，体验岗位工作。

　　❖　体系结构完整

　　本书在编写的过程中，经过系统的社会调查和分析，总结出 5 个具有代表性的工作模块，并针对行业的不同，对各个工作模块做了详细的分解。具体包括：了解出纳岗位、掌握出纳技能、走上出纳岗位、出纳现金管理和办理银行业务。

　　❖　突出任务驱动法的运用

　　本书中的每个项目均以任务驱动为主线，并对其进行任务提出、任务分析、业务操作分解，便于学生学习和掌握。

　　❖　以典型业务为载体

　　本书以出纳岗位中的基本工作任务为引领，并以记录典型经济业务的原始凭证为载体，业务典型、凭证仿真，能够切实提高学生的动手能力。

　　本书由史建军、杜珊担任主编，李文涛、杨帆担任副主编，李少云参编。其中，史建军负责编写情境四和情境五；杜珊负责编写情境二；李文涛、杨帆、李少云负责编写情境一和情境三。

　　尽管我们已经做出了很大努力，但由于编者水平有限，书中难免存在疏漏与不当之处，敬请广大读者批评指正！

编　者

2017 年 7 月

本书编委会

主　编：史建军　杜　珊

副主编：李文涛　杨　帆

参　编：李少云

目 录

学习情境一：
认识出纳岗位

情境导入

天津市通达有限责任公司是一家童车制造商。企业基本信息如下：

单位名称	天津市通达有限责任公司		企业成立时间		2010 年 01 月 01 日	
单位负责人	李爱国					
纳税人识别号	220485839746382	增值税纳税人类别		一般纳税人	增值税税率	17%
开户行	中国银行天津市人民路支行			基本存款账号	48976326922	
财务主管	郝中华	制证会计	李红	出纳	姜文明	

实训任务：初识出纳岗位

一、实训目标

目标分解	目标描述
知识目标	了解出纳的概念与作用
	明确出纳工作的对象和特点
	理解出纳和会计的关系
	理解出纳工作的内容
	简述出纳工作的流程
技能目标	掌握出纳核算的方法
	掌握出纳机构设置和人员配备的方法
素养目标	具备出纳工作人员的基本条件和基本素质
	强化出纳工作流程意识，培养标准化操作职业素养
	养成良好的出纳工作习惯

二、任务导入

2016 年 2 月 4 日，因业务拓展需要，该公司拟面向高校招聘一名出纳。张明是某高校 2016 届会计电算化毕业生，目前正在找工作。知悉招聘信息后，张明综合考量单位基本情况和岗位要求后，准备应聘该公司的出纳岗位。遗憾的是，张明对出纳工作岗位了解甚少，不知自己能否胜任这份工作。

三、知识准备

（一）出纳的概念

出纳包括三层含义，即出纳工作、出纳核算和出纳人员。

1. 出纳工作

出纳工作是指按照有关财经法规及规章制度，办理本单位的现金收付、银行结算、保管库存现金、有价证券、财务印章及有关票据的具体工作。它是每个单位经济工作的重要内容，也是会计工作中最具体的事务性工作。

2. 出纳核算

出纳核算是对出纳工作的对象即货币资金及其运动进行的记录、计量及账务处理等业务处理活动，是会计核算的重要组成部分。

3. 出纳人员

出纳人员简称出纳或出纳员，是指从事出纳工作，担任出纳核算的会计人员。

（二）出纳工作的对象和特点

1. 出纳工作的对象

出纳工作的对象就是各单位的货币资金运动，以及用货币形式表现的所有经济业务活动。货币资金就是广义上的现金，它是指各单位停留在货币形态上的那部分流动资产。

从出纳的角度来看，货币资金包括实际持有的库存现金和银行存款两部分。从货币资金的具体形式看，包括铸币、纸币、银行存款、本票、支票和银行汇票等。从实际工作来看，对货币资金的核算基本上是通过单位的出纳来办理的。从货币资金的流向来看，可分为：① 收入货币资金，即货币资金流入本单位；② 支出货币资金，即货币资金流出本单位；③ 货币资金在银行的存入和提取；④ 货币资金的结存，表现为结算出各单位在某一时点上库存现金和银行存款的余额。

2．出纳工作的特点

（1）社会性

出纳工作担负着一个单位货币资金的收付、存取任务，而这些任务的完成是置于整个社会经济活动的大环境之中的，是和整个社会的经济运转相联系的。只要这个单位发生经济活动，就必然要求出纳员与之发生经济关系。例如，出纳人员要了解国家有关财会政策法规并参加这方面的学习和培训，出纳人员要经常跑银行等。因此，出纳工作具有广泛的社会性。

（2）专业性

出纳工作作为会计工作的一个重要岗位，有着专门的操作技术和工作规则。凭证如何填，日记账怎样记都很有学问，就连保险柜的使用与管理也是有讲究的。因此，要做好出纳工作，工作人员一方面要经过一定的职业教育，另一方面也需要在实践中不断积累经验，掌握工作要领，并熟练使用现代化办公工具，做一名合格的出纳人员。

（3）政策性

出纳工作是一项政策性很强的工作，其中的每一个环节都必须依照国家规定进行。例如，办理现金收付要按照国家现金管理规定进行，办理银行结算业务要根据国家银行结算办法进行。《会计法》《会计基础工作规范》等法规都把出纳工作并入会计工作，并对出纳工作提出了具体的规定和要求。出纳人员如不掌握这些政策法规，就做不好出纳工作；不按这些政策法规办事，就违反了财经纪律。

（4）时间性

出纳工作具有很强的时间性，何时发放职工工资，何时核对银行对账单等，都有严格的时间要求，一天都不能延误。因此，出纳员心中应有一个时间表，须及时办理各项工作，保证出纳工作的质量。

（三）出纳人员应具备的基本条件

1．职业道德

一是爱岗敬业；二是诚实守信，不弄虚作假，不为利益与金钱所诱惑，保守本单位的商业秘密；三是廉洁自律，公私分明，不贪不占，遵纪守法，忠于职守；四是客观公正，依法办事，实事求是，不偏不倚；五是良好的职业品质，严谨的工作作风，严守工作纪律，努力提高工作效率和工作质量；六是提高出纳技能，努力钻研出纳业务，不断提高理论水平和业务能力，使自己的知识和技能适应出纳工作的要求。

2．基本资格

根据财政部《会计从业资格办理办法》的规定，在国家机关、社会团体、公司、企业、事业单位和其他组织（以下统称单位）从事下列会计工作的人员必须取得会计从业资格：一是会计机构负责人（会计主管人员）；二是出纳；三是稽核；四是资本、基金核算；五是收入、支出、债权债务核算；六是工资、成本费用、财务成果核算；七是财产物资的收发、增减核算；八是总账；九是财务会计报告编制；十是会计机构内会计档案管理。

《会计从业资格办理办法》的规定要求，各单位不得任用（聘用）不具备会计从业资格的人员从事会计工作。不具备会计从业资格的人员，不得从事会计工作，不得参加会计专业技术资格考试或评审，不得参加会计专业职务的聘任，不得申请取得会计人员荣誉证书。

因此，公司出纳人员属于会计人员，应当持有会计从业资格证书方能上岗从事出纳工作。

3. 基本业务素质

《会计基础工作规范》第十四条规定："会计人员应当具备必要的专业知识和专业技能，熟悉国家有关法律、法规、规章和国家统一会计制度，遵守职业道德。"作为出纳人员，应当熟悉会计基本知识，掌握快速、准确地清点钞票，以及准确使用票据的技能。

4. 不能担任出纳职务的人员

按照《会计基础工作规范》要求，会计机构负责人、会计主管人员的直系亲属不得在本单位会计机构中担任出纳职务。

（四）出纳工作的内容和核算方法

1. 出纳工作的内容

一是做好现金的收付核算与管理；二是做好银行存款的收付核算与管理；三是设置并登记出纳账；四是保管好库存现金、金银和各种有价证券以及印章、空白支票和收据；五是与税务部门建立良好的经济关系；六是拟定和改进单位的货币资金收入付出业务管理的办法；七是检查、监督本单位执行国家的财经纪律情况，保证出纳工作的合法性、合规性和合理性。

2. 出纳核算方法

出纳核算方法是用来反映、监督、考核和管理出纳的对象，是保证完成出纳核算任务的手段。它是一种对各单位的现金和银行存款等货币资金进行连续、系统、全面、综合地记录和计算，并编制出纳收支报表，为其他会计核算提供准确、可靠的货币资金信息资料的科学方法。

其具体步骤为：一是填制和审核各种凭证；二是设置和登记出纳账；三是进行货币清查；四是编制出纳收支报表。

（五）出纳机构的设置与出纳人员配备

1. 出纳机构的设置

每个单位应当结合自身的经济活动规模、特点及业务量的大小和会计人员的数量来设置符合本单位实际的出纳机构，同时配备必要的出纳人员，建立并健全出纳规章制度和岗位责任制。

出纳机构是整个会计机构的重要组成部分，所以出纳机构都是设置在会计部门内。例如，在单位的会计（财务）部门内专门设置处理出纳业务的出纳科、出纳组、出纳室；规模小的单位也可以只指定一名专职的出纳人员。无论采用何种形式，基于出纳工作的特殊性，单位都要设立专门的出纳办公场所，习惯上称为出纳室或出纳工作室。

2. 出纳与会计的关系

出纳工作是整个会计工作中的重要一环，出纳人员又是会计人员组成中不可或缺的部分。

从广义上讲，会计包括了出纳和狭义上的会计；从狭义上讲，会计是相对出纳以外的会计核算人员。

会计工作岗位一般可分为：会计机构负责人或者会计主管人员、出纳、财产物资核算、工资核算、成本费用核算、财务成果核算、资金核算、往来结算、总账报表、稽核及档案管理等。在上述会计工作岗位中，除出纳外，其他的岗位在企事业单位一般都称为会计。会计工作岗位可以一人一岗、一人多岗或一岗多人。但由于出纳分管单位的货币性资产，因而不得兼管账目（日记账除外）、稽核及档案等。

出纳与会计是一个统一体的两个方面，两者既相互联系，又相互制约、相互监督。通俗地讲，出纳与会计就是管钱与管账的关系，两者是不相容的职务。

在单位内部任用出纳应该实行回避制度，即会计负责人或会计主管人员的直系亲属不得在本单位会计机构中担任出纳工作。这里所指的直系亲属关系包括：夫妻关系、直系血亲关系、三代以内的旁系血亲及配偶血亲关系。

3. 出纳人员的配备与分工

出纳人员配备的多少，主要取决于本单位出纳业务量的大小及繁简程度，其设置的基本原则是：既满足单位经济活动及出纳工作的需要，又要避免徒具形式、人浮于事。

根据《会计法》的规定，出纳人员不得兼任稽核、会计档案保管和收入、支出、费用、债权债务账目的登记工作。这主要是因为：会计工作人员既管钱款又管复核，容易作假，所以予以禁止；会计人员既管理钱款，又保管会计档案，容易在钱款上做了手脚之后，再利用管理会计档案的机会掩盖自己的行为，所以予以禁止；单位的收入、支出、费用、债权债务账目的登记工作是单位会计核算的基础，也是发生现金往来的根据，由出纳人员兼任，便与其监守自盗，所以予以禁止。

（六）出纳的工作流程

1. 货币资金收支的一般程序

（1）货币资金收入的处理程序

第一步，弄清收入金额及来源。

一是确定收入的具体金额；二是明确付款人；三是收到单位的各项收入款项，出纳人员应当根据有关的销售（或劳务）合同来确定收款额是否按合同、协议执行，并对预收账款、当期现实的收入和收回以前欠款分别进行处理，以保证账实一致；四是对于收回的代垫付的款项，出纳人员应当根据账务记录确定收款额是否相符。

第二步，清点收入金额。

一是现金的清点；二是银行结算收入的清点；三是收入金额核对无误后，出纳人员方可按规定开具发票或收据，并在有关收款凭证上加盖"现金收讫""银行收讫"或"收讫"印章；四是在清点核对并开出发票、收据后，若发现现金短缺或假钞，应由出纳人员承担责任。

第三步，收入退回。

（2）货币资金支出的处理程序

第一步，明确支出的金额、收款人及用途。

一是出纳人员支付每一笔资金时，都必须确认资金的具体金额，合理安排资金；二是明确收款人；三是明确付款用途。

第二步，付款审批。

一是由经办人填制有关的付款单证，如借款单、报销单或提供收款人的发票或收据等，经办人注明付款的具体金额和用途，并对付款事项的真实性、准确性负责；二是有关证明人的签章；三是有关领导的签字，根据单位货币资金授权控制的规定，出纳人员每付出一笔款项，都必须根据手续完备的付款单证付款，这些单证上都应当有领导的签字。

第三步，办理付款。

一是进一步核算付款金额、用途及审批手续；二是现金付款必须与经办人当面点清，在清点过程中出现现金短缺、假钞等问题应由出纳人员负责；三是银行付款开具支票时，出纳人员应当认真填写各项内容，保证支票要素完整、印鉴清晰、书写正确；四是付款金额经确认后，由收款人或经办人在有关付款凭证上签字，并由出纳人员加盖"现金付讫""银行付讫"或"付讫"印章。

第四步，付款退回。

2. 出纳的账务处理程序

出纳的账务处理程序与其他会计处理程序基本一致，但相对而言要简单一些。一是设置现金日记账、银行存款日记账及有价证券等有关备查账簿；二是根据与现金和银行存款有关的经济业务填制或审核原始凭证；三是直接根据原始凭证或根据会计转来的记账凭证登记现金日记账、银行存款日记账和有关备查账簿，每天都必须结出余额；四是定期或不定期进行现金、银行存款和有价证券的清查，保证账实相符、账账相符；五是期末结账，结出现金日记账和银行存款日记账的期末余额；六是编制出纳报告，一般要求出纳人员出纳日报、周报或旬报等，每个单位都要编制出纳月报；七是报告出纳资料，定期按规定办理移交。

3．出纳的工作日程安排

（1）每天的日程安排

一是上班第一时间检查库存现金、有价证券、印鉴及其他贵重物品；二是向有关领导及会计主管请示资金安排计划；三是列出当天应当处理的事项，分清轻重缓急，合理安排时间顺序；四是按顺序办理各项收付款业务；五是根据所有的货币资金收付原始凭证或会计转来的收付记账凭证登记现金日记账和银行存款日记账，并结出当天的余额。

（2）下班前的工作要点

一是应清点库存现金，并将其与现金日记账余额进行核对，以保证现金实有数与现金日记账余额相符；二是在收到银行对账单当天，出纳人员要将对账单与银行存款日记账进行逐笔核对，编制银行存款余额调节表，以保证银行存款账实相符；三是将多余现金存入银行；四是根据需要编制当天的现金和银行存款日报表，报送有关领导；五是应整理好办公用品，锁好保险柜及抽屉，保管好有关凭证，保持办公场所整洁，无资料遗漏或乱放现象。

（3）其他时间安排

一是在每月初结转现金日记账和银行存款日记账期初余额，清点支票、有价证券或其他贵重物品结存数。二是每天根据货币资金收支业务进行实物收、付和账务处理，登记现金日记账、银行存款日记账及有关备查账簿，并结存当天余额，编制出纳日报表。三是定期或不定期进行现金日记账与现金总账、银行存款日记账与银行存款总账核对，保证账账相符。四是定期或不定期接受会计人员或上级主管对现金和银行存款的实地盘点检查。五是月度或年度终了，出纳人员结清现金日记账和银行存款日记账，结存余额，并与库存现金、银行存款余额相符，与现金总账、银行存款总账相符；对其保管的支票、发票、有价证券、重要结算凭证进行清点，按顺序进行登记核对。六是编制月度、季度、年度出纳报告；七是保管出纳会计资料。

四、任务实施

序号	操作步骤	角色	注意事项
1	认识出纳的内涵	求职者	
2	了解出纳工作的对象和特点	求职者	
3	明确出纳工作的内容、职责和核算方法	求职者	
4	了解出纳人员应具备的基本素质	求职者	
5	了解出纳机构和出纳人员配备	求职者	
6	了解出纳的工作流程	求职者	

通过学习，张明对出纳工作有了一定的认识并如愿进入了天津市通达有限责任公司担任出纳一职。2016年3月1日，天津市通达有限责任公司再次面向社会公开招聘1名出纳。如果你是张明，你将如何拟定天津市通达有限责任公司的出纳招聘广告？

学习情境二：
掌握出纳技能

实训任务一：学习书写数码字

一、实训目标

目标分解	目标描述
知识目标	掌握大、小写数码字的正确书写方式
技能目标	会正确书写大、小写数码字
素养目标	培养良好的大、小写数码字书写习惯

二、任务导入

2016 年 2 月 9 日，张明正式成为天津市通达有限责任公司的一名出纳。工作中，张明填写的一张转账支票信息如下（见图 2-1）：

大写部分为："十万八千元整"，小写部分为：108000.0-。

这张转账支票错在哪里？

图 2-1　错误支票填写样例

三、知识准备

出纳工作离不开数码字的书写，规范的数码字书写也是衡量出纳工作人员素质高低的标准之一。数码字书写的基本要求是正确、规范、整洁、美观。

（一）小写金额数字的书写

小写金额用阿拉伯数字表示，阿拉伯数字应当从左到右一个一个地写，不得连笔写。在书写数字时，每一个数字单独占一个位置，这个位置称为数位。数位自小到大，是从右向左排列的，但在书写数字时却是自大到小，从左到右的。书写数字时应字迹工整，排列整齐有序且有一定的倾斜度（数字与底线应呈 60° 的倾斜），并以向左下方倾斜为好；同时，书写的每位数字要紧靠底线但不要顶满格（行），一般每格（行）上方预留 1/3 或 1/2 空格位置，用于以后修订错误记录时使用，如图 2-2 所示。

图 2-2　阿拉伯数字手写体样例

阿拉伯数字前面应当书写货币币种符号或货币名称简写。币种符号与阿拉伯数字之间不得留有空白。凡阿拉伯数字前写有币种符号的，数字后面不再写货币单位。人民币符号为"￥"。

所有以元为单位（其他货币种类为货币基本单位）的阿拉伯数字，除表示单价等情况外，一律填写到角分；无角分的，角位和分位可写"00"，或者用符号"—"代替；有角无分的，分位应当写"0"，不得用符号"—"代替。

（二）大写金额数字的书写

大写金额是用汉字大写数字零、壹、贰、叁、肆、伍、陆、柒、捌、玖、拾、佰、仟、万、亿等来书写的。具体书写要求如下（见图 2-3）：

（1）以上汉字大写数字一律用正楷或者行书体书写，不得用另（或0）、一、二、三、四、五、六、七、八、九、十、百、千等简化字代替，不得任意自造简化字。

（2）大写金额数字到"元"或者"角"为止的，在"元"或者"角"字之后应当写"整"字或"正"字；大写金额数字有"分"的，"分"字后面不再写"整"或"正"字。

（3）大写金额数字前未印有货币名称的，应当加填货币名称，货币名称与金额数字之间不得留有空白。如“人民币伍佰元正”。

（4）阿拉伯数字金额中间有“0”时，汉字大写金额要写“零”字，阿拉伯数字金额中间连续有几个“0”时，汉字大写金额中可以只写一个“零”字；阿拉伯数字金额“元”位是“0”，或者数字中间连续有几个“0”，“元”位也是“0”，但“角”位不是“0”时，汉字大写金额可以只写一个“零”字，也可不写“零”字。

（5）大写金额中“壹拾几”“壹佰（仟、万）几”的“壹”字，一定不能省略，必须书写。因为“拾、佰、仟、万、亿”等字仅代表数位，并不是数字。例如：

① 小写金额：1058.00，大写为：人民币壹仟零伍拾捌元整；

② 小写金额：1008.00，大写为：人民币壹仟零捌元整；

③ 小写金额：2000.38，大写为：人民币贰仟零叁角捌分，或大写为：人民币贰仟元叁角捌分；

④ 小写金额：15.67，大写为：人民币壹拾伍元陆角柒分；绝不能只写为：人民币拾伍元陆角柒分。

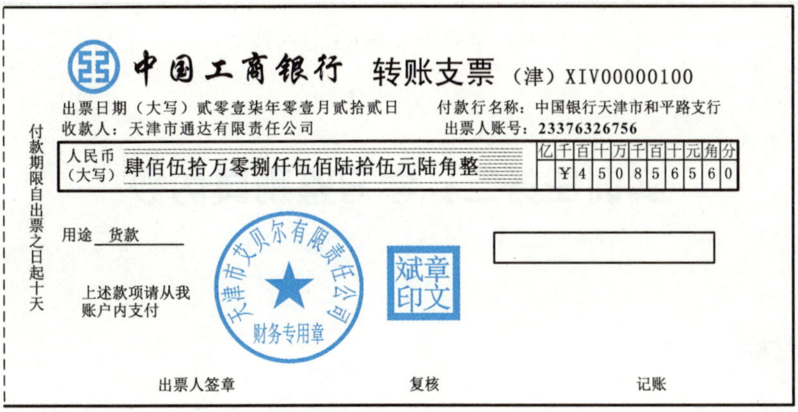
中国工商银行 转账支票 （津）XIV00000100
付款期限自出票之日起十天
出票日期（大写）贰零壹柒年零壹月贰拾贰日 付款行名称：中国银行天津市和平路支行
收款人：天津市通达有限责任公司 出票人账号：23376326756

人民币（大写）	亿	千	百	十	万	千	百	十	元	角	分
肆佰伍拾万零捌仟伍佰陆拾伍元陆角整		¥	4	5	0	8	5	6	5	6	0

用途 货款
上述款项请从我账户内支付

出票人签章 复核 记账

图 2-3 大小写数字、人民币符号使用样例

四、任务实施

（一）操作流程

序号	操作流程	角色	注意事项
1	学习大、小写数码字正确书写规范	出纳	
2	了解大、小写数码字书写规章制度	出纳	
3	正确书写大、小写数码字	出纳	

（二）具体步骤

（1）张明应学习大小写数码字正确书写规范。

（2）通过学习，可发现图 2-1 支票填写有两处错误。第一处错误是大写金额错误，正确填写方式应为：壹拾万捌仟元整；第二处错误为小写金额错误，正确填写方式应为：108000.00。因此，转账支票正确的数码字填写方式如图 2-4 所示。

图 2-4　正确填写大小写货币数字

实训任务二：学习鉴别真伪钞

一、实训目标

目标分解	目标描述
知识目标	了解真伪钞的特征
	了解银行残币兑换要求
技能目标	掌握鉴别真伪钞的方法
素养目标	培养拒绝使用假钞的态度
	遇到使用假钞的行为及时报警

二、任务导入

2016 年 3 月 12 日，天津市通达有限责任公司出纳员张明将收取的现金 2 300 元（100 元 20 张，50 元 4 张，10 元 10 张）存入银行。银行人员在清点钞票时，发现有 3 张 100 元，2 张 50 元，1 张 10 元钞票是伪钞，直接将其收缴。张明认为出现伪钞是自己工作失误造成的，这给单位带来了不良影响，他因此很自责。面对这种情况，张明该怎么办？请帮帮他。

三、知识准备

（一）假币的类型及特点

1. 假币的类型

1）伪造人民币

伪造人民币是指通过机械印刷、拓印、刻印、照相、描绘等手段制作假人民币。其主要的制假手段有：

① 用油印定位，手工着色，正背两面分别经仿制后粘贴而成；

② 用木刻后手工修饰；

③ 仿照人民币图样绘图、着色（这种纯手工绘制的很少见）；

④ 彩色复印或黑白复印后手工着色；

⑤ 用印刷机印刷机制假人民币，其中电子扫描分色制版印刷的机制假人民币数量最多、危害性最大。

2）变造人民币

变造人民币是指在真人民币的基础上，采用挖补、揭页、涂改、拼凑、移位、重印等多种方法制作，构成变态升值的假人民币。其主要的制假手段有：

（1）涂改。

涂改是指经过擦除、刮除或用化学物质褪色除去真币上的图案和文字，然后在白纸上再转印其他图案和文字、数字。涂改一般是将小面额真币改为大面额假币，并混用出去，以赚取差额。涂改钞票，只能改动真币的一小部分，其主要是改动四角的面额数码，有的也改动了大写面额数字。经过这些改动后，涂改的数码和文字就与周围不协调，数码和文字的字形、色彩与真币也不一致，更主要的是面额数字与真币的正面人像、背面图景不一致。对于这种涂改钞票，只要对真币票面情况熟悉，稍加注意就能发现。

（2）剪贴。

剪贴是将真币剪成若干窄条，每张取出其中一条，用数条接凑成一张钞票。

（3）揭层。

揭层是指将真币经过加工处理后，揭下真币的一层，增加纸张数量。也有变造者采取局部揭层的方式，将一张真币局部揭层，然后将揭下的部分拼凑成新的票面，并将其他部分贴上报纸等，从而使票面升值。对于这种假币，一般采用手摸和眼看，就能识别其真伪。

2. 假币的特征

（1）假币印制版面最突出的缺陷是墨色深浅不一，有的版面颜色偏深，有的偏淡，有的版面偏于一种颜色。

（2）假币容易图像失真，有的花纹不清。

（3）制作假币的纸张一般用普通的纸张，与真钞相比较，其手感比较平滑，厚薄也不均匀，币面无凹凸感。

（4）假币一般无水印或水印模糊。

（二）识别假币的基本方法

目前，识别假币用"一看、二摸、三听、四测"的方法去鉴别。

1. 一看

一看包括看水印、看安全线、看光变油墨、看钞面图案。

（1）看水印，就是把人民币迎光照看，10元以上的人民币可在水印窗处看到人物头像或花卉水印。

（2）看安全线，第五套人民币纸币在各券别票面正面中间偏左，均有一条安全线。

（3）看光变油墨，第五套人民币100元券和50元券正面左下方的面额数字采用光变墨印刷。

（4）看钞面图案色彩是否鲜明，线条是否清晰，对接图案线是否对接完好，有无留白或空隙。

2. 二摸

由于5元以上面额人民币采取了凹版印刷，线条形成凸出纸面的油墨道，特别在盲文点、"中国人民银行"字样、第五套人民币人像部位等。用手指抚摩这些地方，有明显的凹凸感，较新的钞票用指甲划过，有明显的阻力。目前收缴的假币大多使用胶版印刷，其表面平滑、无凹凸手感。

3. 三听

听即通过抖动钞票使其发出声响，根据其声音来分辨人民币真伪。人民币的纸张，具有挺括、耐折、不易撕裂的特点。手持钞票用力抖动、手指轻弹或两手一张一弛轻轻对称拉动，能听到清脆响亮的声音。假币纸张发软、偏薄、声音发闷，不耐揉折。

4. 四测

测即借助一些简单的工具和专用的仪器来分辨人民币真伪。例如，借助放大镜可以观察票面线条的清晰度，胶、凹印缩微文字等。用紫外灯光照射票面，可以观察钞票纸张和油墨的荧光反映。用磁性检测仪可以检测黑色横号码的磁性。

（三）识别真假第五套人民币的基本方法

目前流通的第五套人民币分为 1999 年版和 2005 年版两类，其防伪特征略有差异。

1. 第五套人民币 1999 年版各币种的防伪特征

（1）100 元券和 50 元券的防伪特征都是 11 个（见图 2-5 和图 2-6），包括：

① 固定人像水印；

② 磁性缩微文字安全线；

③ 红、蓝彩色纤维；

④ 手工雕刻头像；

⑤ 光变油墨面额数字；

⑥ 胶印缩微文字；

⑦ 隐形面额数字；

⑧ 阴阳互补对印图案；

⑨ 雕刻凹版印刷；

⑩ 横竖双号码（100 元为黑色横号码和蓝色竖号码，50 元为黑色横号码和红色竖号码）；

⑪ 荧光字。

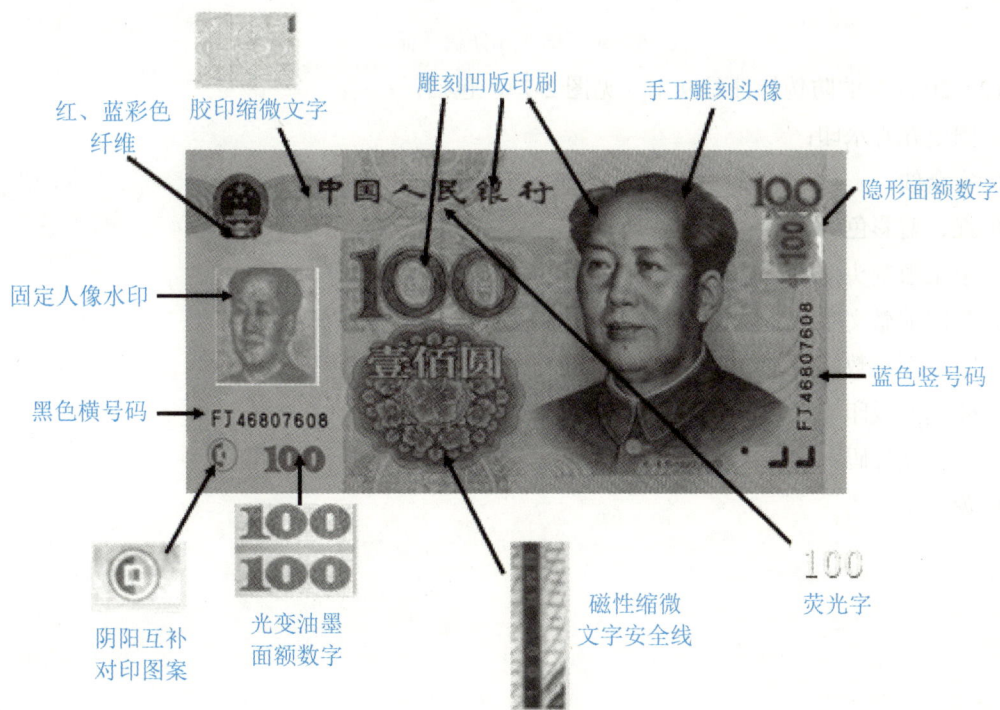

图 2-5 100 元人民币防伪特征

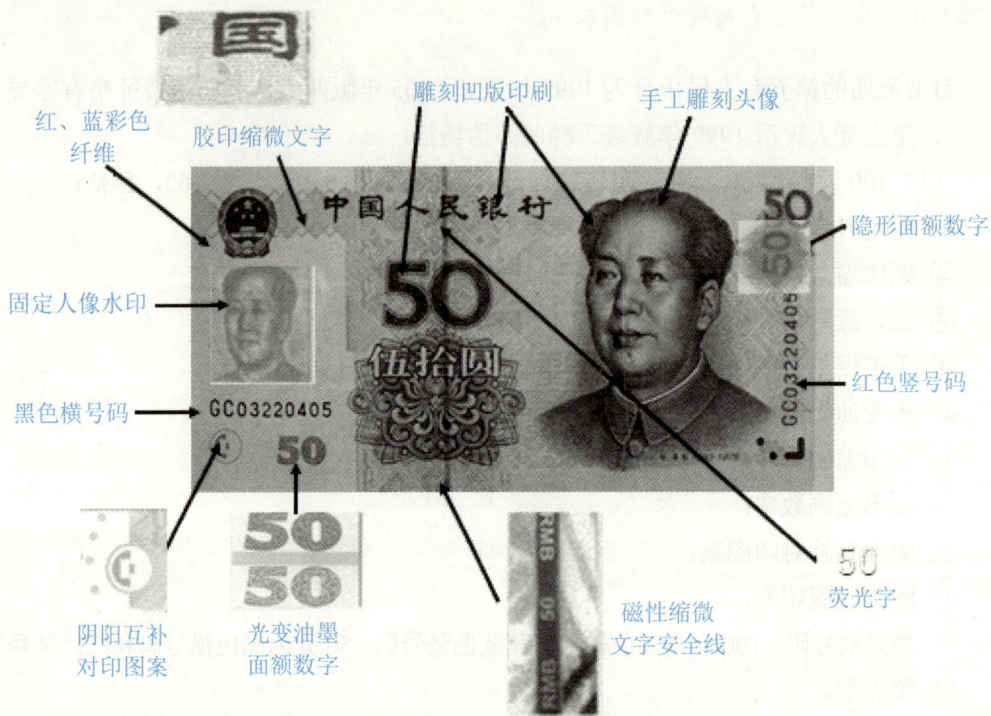

红、蓝彩色纤维

胶印缩微文字

雕刻凹版印刷

手工雕刻头像

隐形面额数字

固定人像水印

黑色横号码

红色竖号码

阴阳互补对印图案

光变油墨面额数字

磁性缩微文字安全线

荧光字

图 2-6　50 元人民币防伪特征

（2）20 元券的防伪特征是 9 个（见图 2-7），包括：

① 固定花卉水印；

② 安全线；

③ 红、蓝彩色纤维；

④ 手工雕刻头像；

⑤ 胶印缩微文字；

⑥ 隐形面额数字；

⑦ 雕刻凹版印刷；

⑧ 双色横号码；

⑨ 荧光字。

红、蓝彩色纤维

胶印缩微文字

雕刻凹版印刷

手工雕刻头像

隐形面额数字

固定花卉水印

双色横号码

安全线

荧光字

图 2-7　20 元人民币防伪特征

（3）10 元券和 5 元券的防伪特征分别是 11 个和 10 个，其中，5 元券没有阴阳互补对印图案，其他的防伪特征均大同小异（见图 2-8 和图 2-9），其具体包括：

① 固定花卉水印；

② 全息磁性开窗安全线；

③ 红、蓝彩色纤维；

④ 手工雕刻头像；

⑤ 白水印；

⑥ 胶印缩微文字；

⑦ 隐形面额数字；

⑧ 阴阳互补对印图案；

⑨ 雕刻凹版印刷；

⑩ 双色横号码；

⑪ 荧光字。

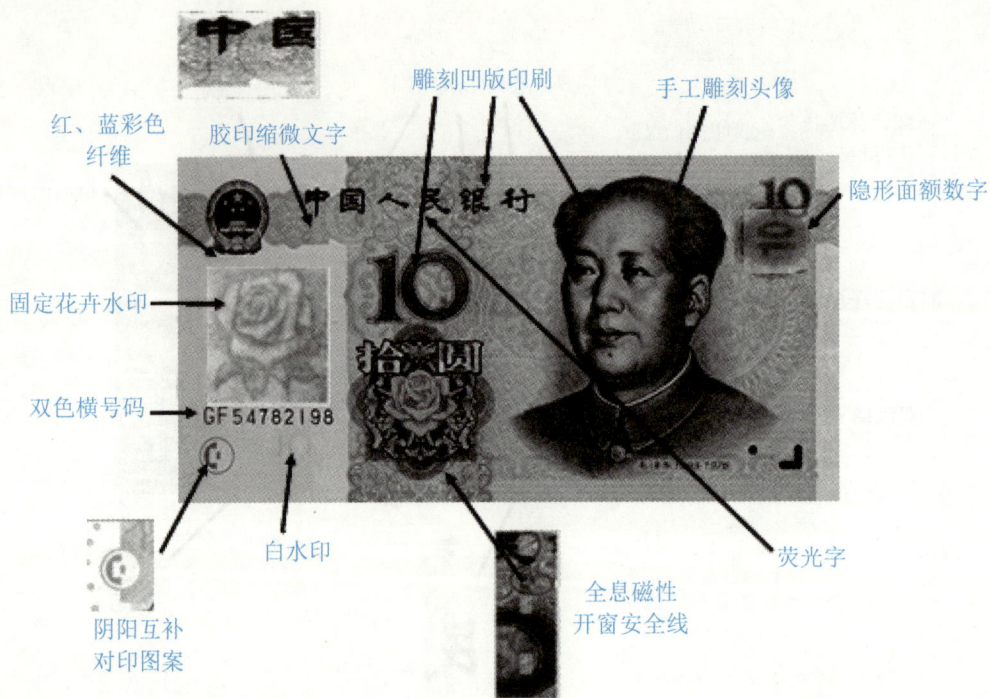

图 2-8　10 元人民币防伪特征

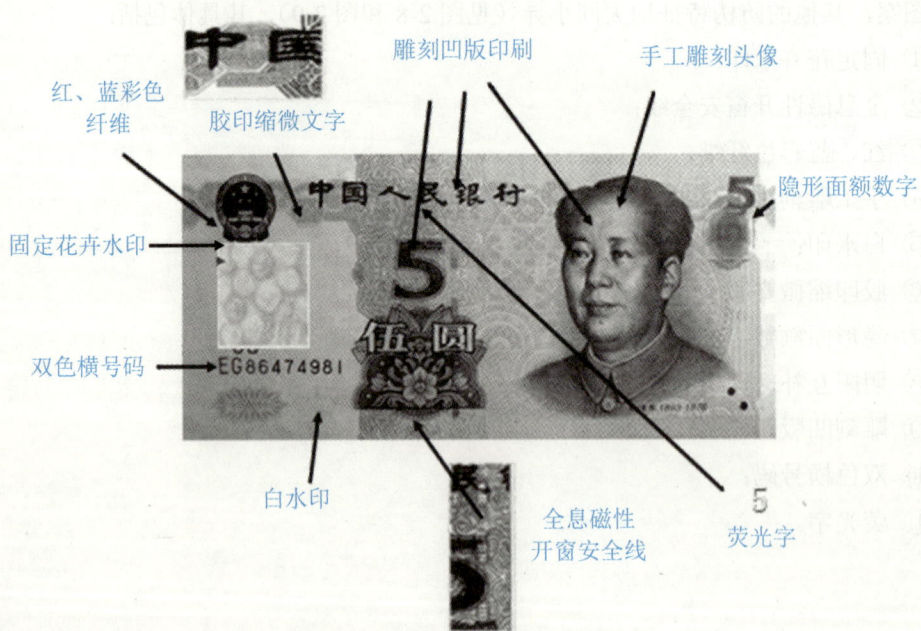

图 2-9　5 元人民币防伪特征

（4）1 元券的防伪特征是 7 个（见图 2-10），包括：

固定花卉水印　胶印缩微文字　荧光字　　　手工雕刻头像

双色横号码　　　雕刻凹版印刷　　　隐形面额数字

图 2-10　1 元人民币防伪特征

① 固定花卉水印；

② 手工雕刻头像；

③ 隐形面额数字；

④ 胶印缩微文字；

⑤ 雕刻凹版印刷；

⑥ 双色横号码；

⑦ 荧光字。

（5）1 元硬币、5 角硬币和 1 角硬币的主要特征包括以下几个方面（见图 2-11）：

1 元硬币的色泽为镍白色，直径为 25 mm，正面为"中国人民银行""1 元"和汉语拼音字母"YIYUAN"及年号。背面为菊花图案及中国人民银行的汉语拼音字母"ZHONGGUO RENMIN YINHANG"。材质为钢芯镀镍，币外缘为圆柱面，并印有"RMB"字符标记。

5 角硬币的色泽为金黄色，直径 20.5 mm，材质为钢芯镀铜合金。正面为"中国人民银行"字样、面额和汉语拼音字母"WUJIAO"及年号。背面为荷花图案及中国人民银行的汉语拼音字母"ZHONGGUO RENMIN YINHANG"。币外缘为间断丝齿，共有 6 个丝齿段，每个丝齿段有 8 个齿距相等的丝齿。

1 角硬币的色泽为铝白色，直径为 19 mm，正面为"中国人民银行""1 角"和汉语拼音字母"YIJIAO"及年号。背面为兰花图案及中国人民银行的汉语拼音字母"ZHONGGUO RENMIN YINHANG"。材质为铝合金，币外缘为圆柱面。

图 2-11　1 元、5 角、1 角硬币的正反面图案

2．2005 年版与 1999 年版第五套人民币的不同之处

与 1999 年版第五套人民币相比，2005 年版第五套人民币（见图 2-12）在多个方面进行了改进。

图 2-12　2005 版 100 元人民币防伪特征

（1）调整了防伪特征布局

2005 年版第五套人民币 100 元、50 元纸币正面左下角胶印对印图案调整到主景图案左侧中间处，光变油墨面额数字左移至原胶印对印图案处，背面右下角胶印对印图案调整到主景图案右侧中间处。

（2）调整了4个防伪特征

隐形面额数字：调整2005年版第五套人民币各券别纸币的隐形面额数字观察角度。2005年版第五套人民币各券别纸币正面右上方有一装饰性图案，将票面置于与眼睛接近平行的位置，面对光源做上下倾斜晃动，分别可以看到面额数字字样。

全息磁性开窗安全线：2005年版第五套人民币100元、50元、20元纸币将原磁性缩微文字安全线改为全息磁性开窗安全线。2005年版第五套人民币100元、50元纸币背面中间偏右有一条开窗安全线，开窗部分分别可以看到由缩微字符"￥100""￥50"组成的全息图案。2005年版第五套人民币20元纸币正面中间偏左有一条开窗安全线，开窗部分可以看到由缩微字符"￥20"组成的全息图案。

双色异形横号码：2005年版第五套人民币100元、50元纸币将原横竖双号码改为双色异形横号码。正面左下角印有双色异形横号码，左侧部分为暗红色，右侧部分为黑色。字符由中间向左右两边逐渐变小。

雕刻凹版印刷：2005年版第五套人民币20元纸币背面主景图案桂林山水、面额数字、汉语拼音行名、民族文字、年号、行长章等均采用雕刻凹版印刷，用手触摸有明显凹凸感。

（3）增加3个防伪特征

白水印：2005年版第五套人民币100元、50元纸币位于正面双色异形横号码下方，2005年版第五套人民币20元纸币位于正面双色横号码下方，迎光透视，分别可以看到透光性很强的水印面额数字字样。

凹印手感线：2005年版第五套人民币各券别纸币正面主景图案右侧，有一组自上而下规则排列的线纹，采用雕刻凹版印刷工艺印制，用手指触摸，有极强的凹凸感。

阴阳互补对印图案：2005年版第五套人民币20元纸币正面左下角和背面右下角均有一圆形局部图案，迎光透视，可以看到正背面的局部图案合并为一个完整的古钱币图案。

（4）其他

2005年版第五套人民币各券别纸币背面主景图案下方的面额数字后面，增加人民币单位的汉语拼音"YUAN"；年号改为"2005年"。另外，2005年版第五套人民币取消各券别纸币纸张中的红蓝彩色纤维。

随着假钞制作技术的日益发展，对识别真假货币也提出了更高的要求，出纳人员要不断地学习先进的鉴别技术，掌握验钞机器的正确使用方法，提高识别真假钞票的技术和能力。

3. 2015年版100元人民币防伪特征

2015年新版的100元（见图2-13）与原来的100元人民币等值流通，其图案和主色调不变，个别图案进行了改动，防伪技术有了很大提升。

在正面图案中，票面中部增加光彩光变数字"100"，其下方团花中央花卉图案调整为紫色；取消左下角光变油墨面额数字，调整为胶印对印图案，其上方为双色横号码；正面主景图案右侧增加光变镂空开窗安全线和竖号码；右上角面额数字由横排改为竖排，并对数字样式进行了调整。

在背面图案中，将票面年号改为"2015 年"；取消了右侧全息磁性开窗安全线和右下角防复印图案；调整了面额数字样式、票面局部装饰图案色彩和胶印对印图案及其位置。

图 2-13   2015 年版 100 元人民币

（四）假币的处理

根据《中华人民共和国人民币管理条例》的规定，中国人民银行及由中国人民银行授权的中国工商银行、中国农业银行、中国银行、中国建设银行及其各级分支机构可以进行货币真伪鉴定。

出纳人员在收付现金时发现假币，应当立即送交银行鉴定，由银行开具假币收缴凭证，予以没收处理，如有追查线索的应当及时报告公安部门，并协助案件侦破。

出纳人员如发现可疑货币又不能断定其真假时，不得随意没收，应当向持币人说明情况，开具临时收据，将可疑货币及时报送当地中国人民银行鉴定。经鉴定确实是假币的，应当按假币处理方法处理；如确定不是假币的，应当及时将货币退回持币人。

（五）残损人民币交换标准

残损人民币是残缺人民币和污损人民币的统称。残缺人民币是指票面撕裂或者票面明显缺失了一部分的人民币；污损人民币是指因自然或人为磨损、侵蚀，造成外观、质地受损，颜色变暗，图案不清晰，防伪功能下降，不宜再继续流通使用的人民币。为维护人民币信誉，保护国家财产安全和人民币持有人的合法权益，确保人民币正常流通，中国人民银行制定了《中国人民银行残缺污损人民币兑换办法》，其中第四条规定：

残缺、污损人民币兑换分"全额""半额"两种情况。能辨别面额，票面剩余四分之三（含四分之三）以上，其图案、文字能按原样连接的残缺、污损人民币，金融机构应向持有人按原面额全额兑换。能辨别面额，票面剩余二分之一（含二分之一）至四分之三以下，其图案、文字能按原样连接的残缺、污损人民币，金融机构应向持有人按原面额的一半兑换。纸币呈正"十"字形缺少四分之一的，按原面额的一半兑换。

不能兑换的残损人民币包括以下几种情况：① 票面残损二分之一以上；② 票面污损、熏焦、水浸、油浸、变色，不能辨别真假者；③ 故意挖补、涂改、剪贴拼凑、揭去一面的。

出纳人员发现残缺、污损人民币后应当及时按上述规定到银行办理兑换。

四、任务实施

（一）操作流程

序号	操作流程	角色	注意事项
1	学习真伪钞的特征	出纳	2005版和1999版区别 2015年版100元人民币防伪特征
2	掌握真伪钞的鉴别方法	出纳	
3	工作中确定收到假币时，送与银行进行鉴定	出纳	出纳不要自行处理
4	银行鉴定是假币，予以没收	银行	
5	工作中疑似收到假币，应向持币人说明情况，并开具临时收据，送银行进行鉴定	出纳	开具临时收据
6	若银行鉴定是假币，予以没收；若银行鉴定是真币，返还出纳	银行	
7	鉴定为真币，返还货币持有者	出纳	要向持币者讲明情况

（二）具体步骤

（1）熟记人民币防伪特征，并掌握人民币的鉴别方法，"一看、二摸、三听、四测"应烂熟于心。

（2）在工作中，无论币值大小，都应该进行鉴别，将收到假币的风险降到最低。

（3）上述（1）（2）是出纳人员必备的知识和技能要求，只有熟练掌握才可能避免现金送存银行时，出现假钞的情况。

（4）这次任务中，银行发现有3张100元、2张50元、1张10元钞票是伪钞，银行应直接没收。

（5）这次任务对单位造成的损失，应由责任人承担。

（6）如果无法明确责任人，损失由出纳张明承担。

实训任务三：学习点钞技能

一、实训目标

目标分解	目标描述
知识目标	了解手工点钞技能方法
	了解机器点钞技能方法
技能目标	学会手工点钞技能
	学会机器点钞技能
素养目标	培养点钞的良好习惯

二、任务导入

2016 年 4 月 2 日，出纳张明向银行送存现金 100 000 元。送存现金之前，出纳张明需要对现金进行清点、核对和捆扎。请你帮助张明，应用正确的点钞技术和捆扎技术，完成这一工作。

三、知识准备

（一）手工点钞技术

手工点钞的基本要求是：坐姿端正、点数准确、票子墩齐、钞票捆紧、盖章清晰。手工点钞的方法有很多，我们这里主要介绍手持式、手按式和扇面式 3 种点钞方法。

1. 手持式点钞法

手持式点钞方法又分为单张点钞、一指多张点钞、四指拨动点钞、来回拨动点钞等多种操作方法。

手持式单指单张点钞法（见图 2-14）是最常用的点钞法。其操作要点是：将钞票正面向内，持于左手拇指左端中央，二指（食指）和三指（中指）在票后面捏着钞票，四指（无名指）自然卷曲，与五指（小拇指）在票正面共同卡紧钞票；然后右手三指微微上翘，托住钞票右上角，右手拇指指尖将钞票右上角向右下方逐张捻动，二指和其他手指一道配合拇指将捻动的钞票向下弹动，拇指捻动一张，二指弹拨一张，左手拇指随着点钞的进度，逐渐向后移动，食指向前推动钞票，以便加快钞票的下落速度；在此过程中，同时采用1、2、3……自然记数方法，将捻动的每张钞票清点清楚。一张一张清点时为单张点钞法。若在单张点钞的基础上，持票斜度加大且手指较为熟练时，便可发展到一指两张或两张以上，其方法也就发展为一指多张点钞法了。

图 2-14　手持式单指单张点钞法示例

手持式四指四张点钞法（见图2-15）是以左手持钞，右手四指依次各点一张，一次四张，轮回清点，其速度快，点数准，轻松省力，挑剔残损券也比较方便。此法也是纸币复点中常用的一种方法。其操作要点是：

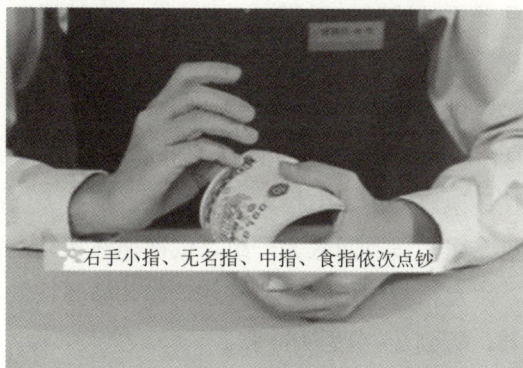

右手小指、无名指、中指、食指依次点钞

图 2-15　手持式四指四张点钞法示例

钞票横放于台面，左手心向下，中指自然弯曲，指背贴在钞票中间偏左的内侧，二指、四指和小拇指在钞票外侧，中指向外用力，外侧三个手指向内用力，使得钞票两端向内弯成"U"形。拇指按于钞票右侧外角向内按压，使右侧展作斜扇面形状，左手腕向外翻转，食指成直角抵住钞票外侧，拇指按在钞票上端斜扇面上。右手拇指轻轻托在钞票右里角扇面的下端，其余四指并拢弯曲，指尖成斜直线。点数时小指、四指、中指和二指指尖依次捻动钞票右上角与拇指摩擦后拨票，一指清点一张，一次点四张为一组。左手随着右手清点逐渐向上移动，二指稍加力向前推动以适应待清点钞票的厚度。这种点钞法采用分组记数法，每一组记一个数，数到25组为100张。

2. 手按式点钞法

手按式点钞法（见图2-16）分为手按式单指单张点钞法和手按式多指多张点钞法。

图 2-16 手按式点钞法示例

手按式单指单张点钞法是常采用的方法之一。这种方法简单易学，便于挑拣损伤券，适用于收款、付款工作的初、复点。其操作要点是：

将钞票平放在桌子上，两肘自然放在桌面上。以钞票左端为顶点，与身体成45°角，左手小指、无名指按住钞票的左上角，用右手拇指托起右下角的部分钞票，用右手食指捻动钞票，每捻起一张，左手拇指即往上推动到食指、中指之间夹住，完成一次动作后再依次连续操作，在完成这些动作的同时，采用 1、2、3……自然记数方法，即可将钞票清点清楚。此法与手持式相比，点钞的速度要慢一些，但点钞者能够看到较大的票面。

手按式多指多张点钞法的操作要点是：将钞票平放在桌子上，两肘自然放在桌面上。以钞票左端为顶点，与身体成45°，左手小指、无名指按住钞票的左上角，右手掌心向下，拇指放在钞票里侧，挡住钞票。食指、中指、无名指、小指指尖依次由钞票右侧外角向里向下逐张拨点，一指拨点一张，拨点四张为一组，依次循环拨动。每点完一组，左手拇指将点完的钞票向上掀起，用食指与中指将钞票夹住，如此循环往复。这种点钞法采用分组记数法，每一组记一个数，数到25组为100张。

3. 扇面式点钞法

扇面式点钞法（见图2-17）的操作要点是：将钞票捻成扇面型，右手一指或多指依次清点，如果是一指清点即为扇面式一指多张点钞法；如果是四个手指交替拨动，分组点，一次可以点多张，即为扇面式多指多张点钞法。这种点钞法清点速度快，适用于收、付款的复点，特别适用于大批成捆钞票的内部整点。但是这种方法清点时不容易识别假票，所以不适于收、付款的初点。此法需要较高的点钞技术，一般单位的出纳不易掌握。

图 2-17　扇面式点钞法示例

（二）机器点钞技术

机器点钞就是用点钞机代替部分手工点钞，速度是手工点钞的几倍；它大大地提高了点钞的工作效率并减轻了出纳人员的工作强度。

出纳人员在进行机器点钞之前，首先要安放好点钞机，将点钞机放置在操作人员顺手的位置，一般放置在操作人员的正前方或右上方；安放好后必须对点钞机进行调整和试验，力求转速均匀，下钞流畅、落钞整齐、点钞准确。

机器点钞（见图 2-18）的具体操作方法如下：

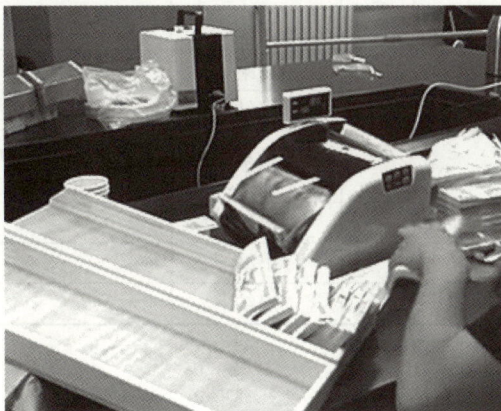

图 2-18　机器点钞法示例

首先，打开点钞机的电源开关和计数器开关。

然后，放钞。取过钞票，右手横握钞票，将钞票捻成前高后低的坡形后横放在点钞机的点钞板上，放时顺点钞板形成自然斜度，如果放钞方法不正确会影响点钞机的正常清点。

其次，监视点钞。钞票进入点钞机后，点钞人员的目光要迅速跟住输钞带，检查是否有夹杂券、破损券、假钞或其他异物。

最后，取票。当钞票全部下到积钞台后，看清计数器显示的数字并与应点金额相符后，以左手食指、中指将钞票取出。

如果还有钞票需要点验，再重复上述步骤即可。

目前的点钞机一般都带有防伪功能，所以，出纳人员在用机器点钞时，还要学会用机器来识别假币的技术。

（三）手工清点硬币的方法

手工清点硬币一般包括整理、清点、记数等步骤。清点硬币前，应先将不同面值的硬币分类码齐排好，一般5枚或10枚为一垛。清点时，将硬币从右向左分组清点，用右手拇指和食指持币分组点数。为了准确，可以用中指分开查看各组数量并复点无误后，即可计算金额，完成硬币清点工作。

四、任务实施

（一）操作流程

序号	操作流程	角色	注意事项
1	进行点钞前准备工作	出纳	纸币按照币值分类，笔、名章、扎钞纸摆放妥当
2	端正坐姿	出纳	
3	拿起钞票	出纳	
4	拆去扎钞纸	出纳	
5	点钞	出纳	根据具体情况，选用合适的点钞技能。手持式单指单张法较常用
6	扎钞	出纳	
7	盖章	出纳	
8	钞票摆放整齐	出纳	

（二）具体步骤

（1）出纳张明做好点钞之前的准备工作（见图2-19）：① 把钞票顺着点钞的方向，放在正前方；② 扎钞条顺着右手抽钞条的方向，放在右边；③ 准备笔和名章，放到右边。

图 2-19　点钞前准备工作示例

（2）端正坐姿，保持身体的自然与平衡，如图 2-20 所示。

图 2-20　端正坐姿示例

（3）拿起钞票，拆去扎钞纸，选用合适的点钞法进行点钞，如图 2-21 所示。

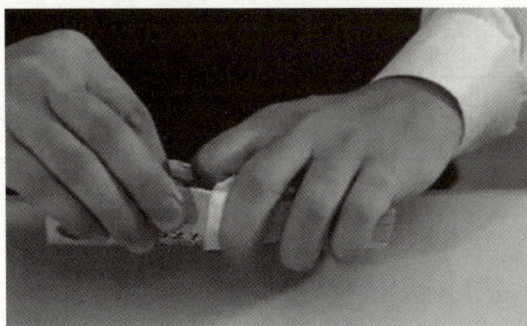

图 2-21　拆去扎钞纸并点钞示例

（4）点钞完毕后，捆扎，盖章，放到保险箱保存，如图 2-22 所示。

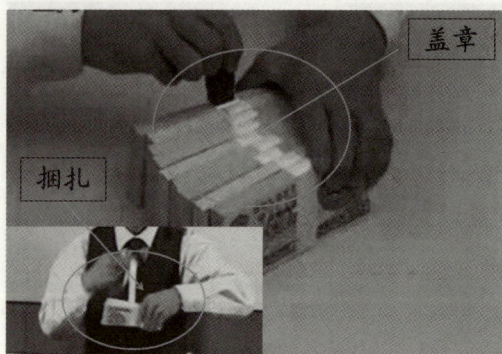

图 2-22 点钞完毕后，扎钞、盖章示例

实训任务四：学习保管技能

一、实训目标

目标分解	目标描述
知识目标	了解保险柜的使用
	了解空白支票的保管
	了解有价证券的保管
	了解印鉴的保管
	了解出纳凭证的保管
技能目标	学会保险柜的使用
	学会出纳凭证的整理和装订
素养目标	养成保护财产的安全意识

二、任务导入

2016 年 4 月 6 日，出纳张明登记完日记账簿之后，因有事就离开了办公室，一直到下班也未返回。出纳张明办公桌上摆放着日记账簿、原始凭证、几张空白支票、个人名章，且保险柜未上锁。

如果你是张明，应该怎么做？

三、知识准备

（一）有价证券及印章的保管

1. 保险柜的管理

（1）保险柜应配备两把钥匙，一把由出纳保管，供出纳人员日常工作开启使用；另一把由单位财会主管（总会计师或财务科长）负责封存保管，以备特殊情况下经有关领导批准后开启使用；保险柜有转字结构的，应由出纳掌握，但也应向总会计师（或财务科长）登记备查。

（2）保险柜内保存的现金余额应当符合银行核定库存限额的要求。

（3）有价证券和贵重物品等，都必须设置保管登记簿，进行仔细登记，并随时清点，做到账实相符。

（4）出纳使用的空白票据，比如空白发票或收据、空白支票及常用的印鉴等，每日结束，均应放入保险柜内保管。

（5）保险柜内严禁存放私人现金或财物。

（6）保险柜内各种物品要存放整齐、保持整洁卫生；保险柜外也要经常揩抹干净。

（7）出纳人员工作变动时，必须及时更换密码。

（8）保险柜的钥匙丢失或密码发生故障时，出纳人员要及时报有关领导处理，不得随意找人修理或配钥匙。必须更换保险柜时，须办理以旧换新的批准手续，注明更换情况备查。

（9）保险柜被盗的处理。一旦发现保险柜被盗或出现异常情况，出纳人员应当保护现场，并立即报告保卫部门及公安机关，待公安机关勘查现场时才能清查财物被盗情况。

2. 空白支票的保管

（1）实行票印分管。空白支票和预留印鉴不得由一人保管。通常，由出纳人员保管空白支票和人名章，而签发支票的财务专用章则由会计人员（一般是会计负责人或会计主管）保管。这样便于明确责任，互相制约，防止舞弊行为。

（2）严格控制携带盖好印鉴的空白支票外出采购。

（3）设置和登记"支票领用登记表"，实行空白支票领用销号制度。

（4）空白支票应当保管在保险柜中。

3. 有价证券的保管

（1）实行账证分管。会计人员管账，出纳管有价证券实物，两者互相牵制、互相核对，共保有价证券的安全与完整。

（2）要将有价证券视同现金保管，有价证券要分门别类地整齐排放在保险柜中，并随时或定期进行抽查盘点。

（3）出纳人员应当对各种有价证券的票面额和号码保密。

（4）建立并登记好"有价证券登记簿"，以便随时掌握各种有价证券的库存和流通情况。

4. 空白发票或收据的保管

空白发票或收据一经填制并盖章，即可作为结算的书面依据，所以，出纳人员应当按规定妥善保管和使用空白发票或收据。

5. 印鉴的保管

（1）银行的预留印鉴主要用于支票，一般都留有两个，一是单位负责人的个人印章，二是单位的财务专用章。个人印章由出纳保管，财务专用章由其他会计人员保管。

（2）预留印鉴的更换必须按规定进行。

（3）预留印鉴如果发生遗失，应当及时上报有关领导。

（二）出纳归档资料的保管

1. 出纳凭证的整理

原始凭证的整理要求做到以下几点：

（1）面积小而零散、不易直接装订的原始凭证，如火车票、市内公共汽车票等应先将小票按同金额归类，粘贴到另一厚纸上，对齐厚纸上沿，从上至下移位重叠粘贴，注意小票不应落出厚纸下沿。

（2）面积较大但又未超过记账凭证大小的原始凭证不宜粘贴，应先用大头针或回形针将其别在一起，待装订时取掉。

（3）面积稍微大过记账凭证的原始凭证，应按记账凭证大小先自下向上折叠，再从右到左折叠；如原始凭证的宽度超过记账凭证两倍或两倍以上，则应将原始凭证的左下方折成三角形，以免装订时将折叠单据订入左上角内。

（4）边缘空白很少不且够装订的，要贴纸加宽，以便装订后翻阅。

（5）装订后的记账凭证应按顺序编列总号，一般按现收、现付、银收、银付顺序编列总号。

2. 凭证的装订方法

装订凭证时要加凭证封面和封底。凭证封面格式如图2-23所示。

凭证装订方法如下：

（1）将需要装订的凭证上方和左方整理齐整，再在左上方加一张厚纸作为封签，铁锥在封签上钻三个圆眼，直至底页，然后装订，如图2-24所示。

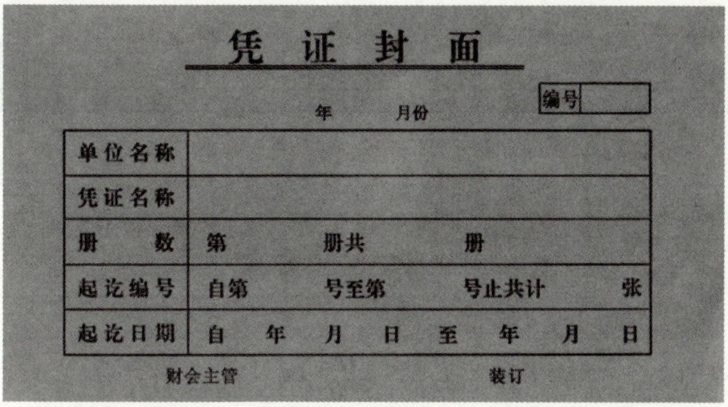

凭 证 封 面

年 月份 编号

单位名称	
凭证名称	
册　　数	第　册共　册
起讫编号	自第　号至第　号止共计　张
起讫日期	自　年　月　日　至　年　月　日

财会主管　　装订

图 2-23　凭证封面

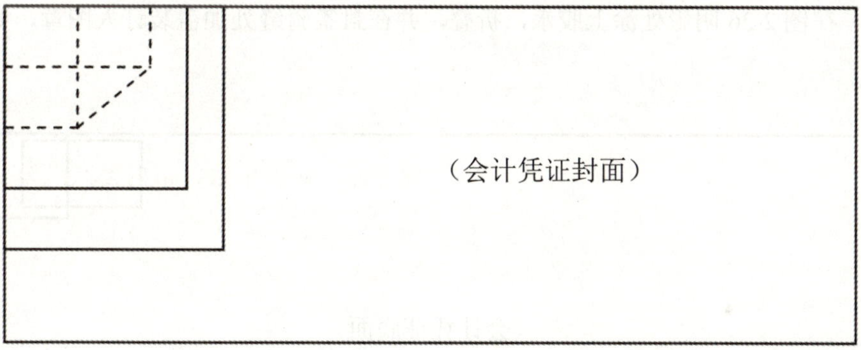

图 2-24　凭证装订图（1）

（2）订牢后，在订线的地方涂上胶水，然后将封签按图 2-24 订线所形成的三角形的斜边折叠，如图 2-25 所示。

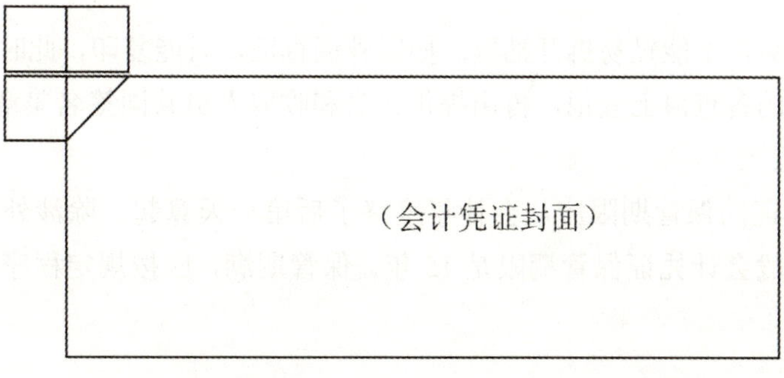

图 2-25　凭证装订图（2）

（3）然后将凭证翻转过来，底页朝上，将封签剪至如图 2-26 所示。

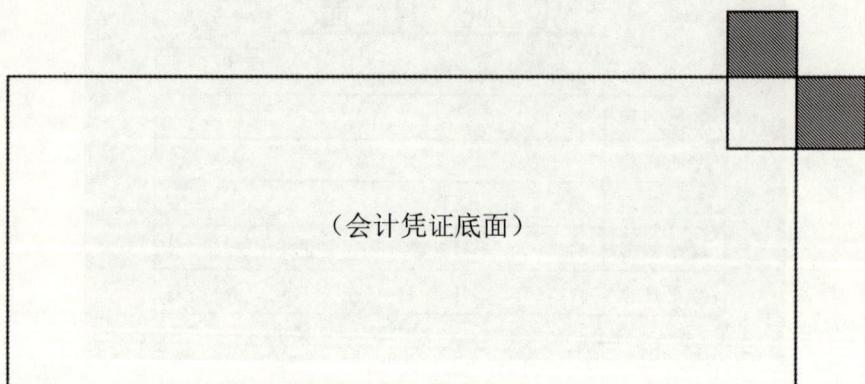

（会计凭证底面）

图 2-26　凭证装订图（3）

（4）在图 2-26 阴影处涂上胶水，折叠，并在封签骑缝处加盖装订人图章，如图 2-27 所示。

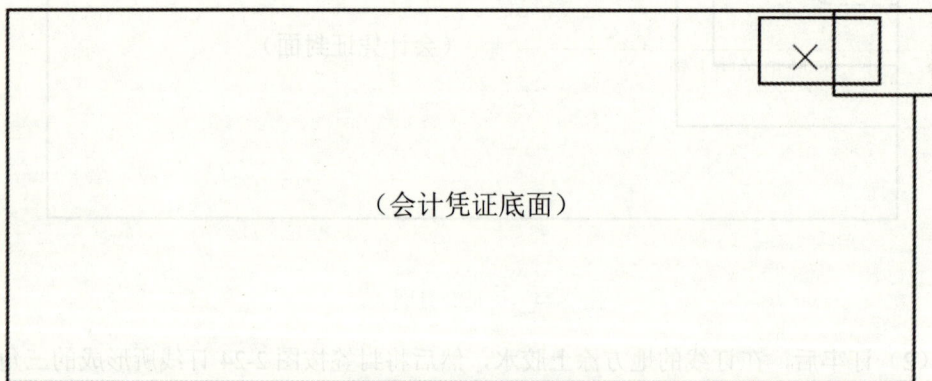

（会计凭证底面）

图 2-27　凭证装订图（4）

凭证装订好后，不能轻易拆开抽取。如需外调查证，只能复印，此时应请本单位领导批准，并在专设的备查簿上登记，再由提供人员和收取人员共同签名盖章。

3. 保管期限

现金出纳凭证的保管期限应从会计年度终了后第一天算起。除涉外凭证及其他重要会计凭证外，一般会计凭证保管期限是 15 年。保管期满，应按规定程序报经批准后予以销毁。

四、任务实施

（一）操作流程

1. 日记账簿

序号	操作流程	角色	注意事项
1	整理日记账簿	出纳	现金日记账、银行存款日记账及其他相关账簿
2	将日记账簿整齐存放在保险柜	出纳	
3	保险柜关闭上锁	出纳	

2. 原始凭证

序号	操作流程	角色	注意事项
1	整理原始凭证	出纳	按照原始凭证整理要求进行整理
2	将原始凭证整齐存放在保险柜	出纳	
3	保险柜关闭上锁	出纳	

3. 印鉴

序号	操作流程	角色	注意事项
1	明确印鉴种类	出纳	印鉴有法人代表章、个人章、现金收讫章、现金付讫章
2	将印鉴整齐存放在保险柜	出纳	
3	保险柜关闭上锁	出纳	

（二）具体步骤

（1）印鉴使用后，及时存放在保险柜里，上锁。

（2）原始凭证应及时整理，将整理好的原始凭证传递给制证会计。

（3）空白支票使用后，相关责任人应在支票使用簿上登记，未使用空白支票应及时存放在保险柜里。

（4）保险柜关闭上锁。

实训任务五：学习填制和审核原始凭证

一、实训目标

目标分解	目标描述
知识目标	理解原始凭证的含义
	了解原始凭证票面内容
技能目标	掌握原始凭证填制技能
	掌握原始凭证审核技能
素养目标	注重原始凭证的时效性、完整性、准确性和合法性
	养成填制和审核凭证时严谨科学的工作态度

二、任务导入

2016 年 4 月 5 日，出纳张明有两笔业务：

（1）营销部营销专员李磊出差归来，退回结余款 200 元，需填制收款收据，收款收据如图 2-28 所示。

收 款 收 据

年　月　日　　　　NO.0000000

交款单位：

人民币（大写）　拾　万　仟　佰　拾　元　角　分（小写）¥

交款事由：

盖章（收款单位）　　　　签字（收款人）

第三联 记账

图 2-28　收款收据

（2）取得增值税专用发票一张，需审核增值税专用发票是否合法有效，如图 2-29 所示。

<table>
<tr><td colspan="10" align="center">天津市增值税专用发票　　　NO：556625803</td></tr>
<tr><td colspan="10">220061235876</td></tr>
<tr><td colspan="10" align="center">发票联</td></tr>
<tr><td colspan="10" align="right">开票日期：2016 年 4 月 3 日</td></tr>
</table>

购货单位	名　　　称：天津市通达有限责任公司 纳税人识别号：220485839746382 地址、电话：天津市人民路158号 022-28965890 开户银行及账号：中国银行天津市人民路支行 48976326922	密码区	加密版本 （略）

货物或应税劳务名称	规格型号	单位	数量	单价	金　额	税率	税　额
钢管		根	20 000	100	2 000 000.00	17%	340 000.00
合　计					2 000 000.00		340 000.00
价税合计 （大写）	⊗ 贰佰叁拾肆万元整				（小写）￥2 340 000.00		

销货单位	名　　　称：天津市大明有限责任公司 纳税人识别号：112334558838777 地址、电话：天津市玉泉45号 022-38006602 开户银行及账号：工商银行天津市支行 002557824300	备注	（天津市大明有限责任公司 112334558838777 发票专用章 印章）

收款人：　　　　　复核：　　　　　开票人：　　　　　销货单位：（章）

第三联 购货方用来记账

图 2-29　增值税发票

如果你是出纳张明，请处理上述两笔业务。

三、知识准备

（一）填制凭证的基本技能

1. 原始凭证的含义

原始凭证又称单据，是在经济业务发生或完成时取得或填制的，用以记录或证明经济业务的发生或完成情况，并作为记账原始依据的一种会计凭证，是出纳核算与会计核算中的原始材料和重要的证明文件。

2. 填制原始凭证的基本要求

（1）原始凭证的内容包括：凭证的名称；填制凭证的日期；填制凭证单位名称或填制人姓名；经办人员的签名或者盖章；接受凭证单位名称；经济业务内容；数量、单价和金额。所有内容必须真实可靠、符合实际情况。

（2）自制原始凭证必须有经办单位领导人或者其指定的人员签名或盖章。对外开出的原始凭证，必须加盖本单位公章或财务专用章。

（3）凡填有大、小写金额的原始凭证，大写与小写金额必须相符，其书写按前述要求进行。

（4）购买实物的原始凭证，必须有验收证明；支付款项的原始凭证，必须有收款单位和收款人的收款证明。

（5）一式几联的原始凭证，应当注明各联的用途，且只能以一联作为报销凭证。

（6）一式几联的发票和收据，必须用双面复写纸（发票和收据本身具备复写纸功能的除外）套写，并连续编号。作废时应当加盖“作废”戳记，连同存根一起保存，不得撕毁。

（7）各种凭证填写时不得涂改、挖补，也不能用涂改液或修正液改正。若发现有误时，一般应重新填制；若可更正，应按规定方法进行，并在更正处由相关方签章。

3．几种常用原始凭证的填制

（1）收料单的填制

收料单是在外购的材料物资验收入库时填制的凭证，一般一式三联，一联由验收人员留底，一联交仓库保管人员据以登记明细账，一联连同发货票交财会部门办理结算，如图 2-30 所示。

收　料　单

（三联式）　　№ 0013751

请购单号 ________

发票号数 ________　　20××年　12 月　2 日　　字第 ________ 号

材料		单位	数量	发票金额									应摊运杂费	实际成本									材料账
编号	名称及规格			单价	金额									单价	金额								
					十	万	千	百	十	元	角	分			十	万	千	百	十	元	角	分	
	C40S	吨	25	17094.02	4	2	7	3	5	0	4	3		17094.02	4	2	7	3	5	0	4	3	

第二联：财务部门

核准　　会计　　记账　宋秋　保管　陈强　供应　　验收

图 2-30　收料单填制样例

（2）领料单的填制

领料单为自制原始凭证。为了便于分类汇总，领料单要“一料一单”地填制，即一种原材料填写一张单据。领用原材料需经领料车间负责人批准后，方可填制领料单；车间负责人、收料人、仓库管理员和发料人均须在领料单中签章，无签章或签章不全的均属无效，不能作为记账的依据。领料单填写样例如图 2-31 所示。

（3）限额领料单的填制

限额领料单是一种一次开设、多次使用、领用限额已定的累计凭证。在有效期（最长 1 个月）内，只要领用数量累计不超过限额就可以连续使用.限额领料单样例如图 2-32 所示。

领 料 单

领料部门：管理部门

用　途：办公室小轿车用　　2014 年 04 月 21 日　　领第 040278 号

材料			单位	数量		成本									
编号	名称	规格		请领	实发	单价	总价								
							百	十	万	千	百	十	元	角	分
F0101	机油		千克	40	40	10.00					4	0	0	0	0
合计				40	40					¥	4	0	0	0	0

会计联

部门经理：钱泰民　　会计：李一清　　仓库：高达　　经办人：陈海洋

图 2-31　领料单填写样例

限　额　领　料　单

领料部门：生产车间　　发料仓库：2 号

用　途：B 产品生产　　20×× 年 2 月　　编　号：008

材料类别	材料编号	材料名称及规格	计量单位	领料限额	实际领用	单价	金额	备注
型钢	0348	圆钢 φ10mm	公斤	500	480	4.40	2112	

日期	请领		实发			限额结余	退库	
	数量	签章	数量	发料人	领料人		数量	退库单
2.3	200		200	姜同	王立	300		
2.12	100		100	姜同	王立	200		
2.20	180		180	姜同	王立	20		
合计	480		480			20		

供应部门负责人：李微　　生产计划部门负责人：佟伟　　仓库负责人签章：刘俊

图 2-32　限额领料单样例

每月开始以前，应由供应部门根据生产计划、材料消耗定额等有关资料，按照产品和材料分别填制限额领料单。在限额领料单中，要填明领料单位、材料用途、发料仓库、材料名称及根据本月产品计划产量和材料消耗定额计算确定的全月领料限额等项目。限额领料单一般一式两联，经生产计划部门和供应部门负责人审核签章后，一联送交仓库据以发料，登记材料明细账；一联送交领料单位据以领料。

（4）增值税普通发票的填制

填制增值税普通发票时，首先要写清购货单位的名称全称，不能过于简略（如仅填写××公司，而不写明是××市公司还是××县公司），然后按凭证格式和内容逐项填列齐全。发货票要如实填写，不能按购货人的要求填写。经办人的签章和单位的公章都要盖全。增值税普通发票样例如图 2-33 所示。

4200061620	天津增值税普通发票	NO：01352398

此联不作报销、抵扣凭证使用

开票日期：2016 年 1 月 9 日

购货单位	名　　称：天津嘉源实业有限公司 纳税人识别号：420606762347809 地址、电话：中原路5号 027-36789012 开户银行及账号：工商银行中原支行 192345678901238	密码区	略

货物或应税劳务名称	规格型号	单位	数量	单价	金　额	税率	税　额
棉布	C40	米	5 000	10	50 000.00	17%	8 500.00
合　计					58 500.00		8 500.00
价税合计（大写）	⊗ 伍万捌仟伍佰元整				（小写）￥58 500.00		

销货单位	名　　称：天津嘉兴实业有限公司 纳税人识别号：420601678912356 地址、电话：汉江路1号 027-23456780 开户银行及账号：工商银行红星支行 11234567801298	备注	天津嘉兴实业有限公司 420601678912356 发票专用章

收款人：施云　　　　复核：江峰　　　　开票人：向君　　　　销货单位：（章）

第一联：记账联 销货方记账凭证

图 2-33　增值税普通发票样例

（5）增值税专用发票的填制

增值税专用发票是一般纳税人于销售货物时开具的销货发票，一式四联，销货单位和购货单位各两联。其中留销货单位的两联，一联存有关业务部门，一联作会计机构的记账凭证；交购货单位的两联，一联作购货单位的结算凭证，一联为税款抵扣凭证。购货单位向一般纳税人购货，应取得增值税专用发票，因为只有专用增值税发票税款抵扣联支付的进项税才能在购货单位作为"进项税额"列账，销货单位也不会漏税，否则销货单位漏税，就会给国家带来损失。增值税专用发票样例如图 2-34 所示。

（6）发料凭证汇总表的填制

工业企业在生产过程中领发材料比较频繁，业务量大，同类凭证也较多。为了简化核算手续，需要编制发料凭证汇总表。编制时间根据业务量的大小确定，可 5 天、10 天、15 天或 1 个月汇总编制一次。汇总时，要根据实际成本计价（或计划成本计价）的领发料凭证、领料部门及材料用途分类进行。发料凭证汇总表样例如图 2-35 所示。

天津市增值税专用发票

220061235876　　　　　　　　　　NO：556625803

发票联

开票日期：2016 年 4 月 3 日

购货单位	名　称：天津市通达有限责任公司 纳税人识别号：220485839746382 地　址、电　话：天津市人民路158号 022-28965890 开户银行及账号：中国银行天津市人民路支行 48976326922	密码区	加密版本 （略）

货物或应税劳务名称	规格型号	单位	数量	单价	金　额	税率	税　额
钢管		根	20 000	100	2 000 000.00	17%	340 000.00
合　计					2 000 000.00		340 000.00

价税合计（大写）⊗ 贰佰叁拾肆万元整　　　（小写）¥2 340 000.00

销货单位	名　称：天津市大明有限责任公司 纳税人识别号：112334558838777 地　址、电　话：天津市玉泉路45号 022-38006602 开户银行及账号：工商银行天津市支行 002557824300	备注	

收款人：　　　复核：　　　开票人：　　　销货单位：（章）

第三联 购货方用来记账

图 2-34　增值税专用发票样例

发料凭证汇总表

2016 年 2 月 28 日　　　　单位：元

会计科目（用途）	领料部门	原材料	燃料	合计
生产成本	A 产品生产车间	6 600		6 600
	B 产品生产车间	2 112		2 112
	小计	8 712		8 712
制造费用	车间一般耗用	220		220
管理费用	管理部门耗用	110		110
合　　计		9 042		9 042

图 2-35　发料凭证汇总表样例

（二）审核原始凭证的技能

为了准确地反映和监督各项经济业务，确保会计资料真实、正确、合法，各种原始凭证除由经办业务部门审核以外，还要由会计部门进行审核。

1．审核内容

出纳对原始凭证的审核内容主要包括以下两个方面：

（1）政策性审核。主要是审核原始凭证所记录的货币收支业务的合法性、合理性和真实性。

（2）技术性审核。主要是审核原始凭证的格式、内容和填制手续是否符合规定，是否具有原始凭证的合法效力。

2. 审核办法

在出纳工作中，原始凭证的审核归纳为"八审八看"：

（1）审核原始凭证所记货币收支业务，是否符合财会制度和开支标准；

（2）审核"抬头"，是否与本单位（或报账人）名称相同；

（3）审核原始凭证日期，是否与报账日期相近；

（4）审核原始凭证的"财务签章"，是否与原始凭证的填制单位名称相符；

（5）审核原始凭证联次，是否恰当正确；

（6）审核原始凭证金额，是否计算正确；

（7）审核原始凭证大小写金额，是否一致；

（8）审核原始凭证的票面，是否有涂改、刮擦、挖补等现象。

3. 注意事项

（1）形式审核

确认票据是否符合财务规定，是否按公司财务规定填制内部凭证，是否有正式发票，对于各类内部收据、印章不全或伪造变造的票据不能报销。报销凭证应由报销人亲自填写，并将原始发票单据整齐地粘贴在报销凭证左上角的背面，若是用支票支付的款项，还应将支票存根粘贴在发票后面。

（2）内容审核

审核各类凭证的项目、金额、日期等事项是否属实，是否符合公司财务制度规定，是否有经办人签字。审核原始发票和各项票据的合计金额是否与报销凭证上的金额一致，并将上述资料与采购单、禀议书、合同等其他相关资料进行核对。审核原始票据的各项内容是否填写齐全，发票业务类别是否与支出事项一致。

（3）授权审核

出纳应认真审核报销票据是否符合公司审批规定，并经公司各级领导签章确认。

（4）完整性审核

出纳应认真审核原始票据的完整性，对于如差旅费、市内交通费及其他定期汇总报销的单据，出纳应认真清点报销凭证所附发票、定额发票、车票等原始票据的数量，确保原始票据汇总金额与报销凭证上的金额一致。

（5）预算审核

出纳应随时查看各项支出是否已达当月该项费用预算限额，如已达到或超过预算则不应支出，待修改预算并经公司审批后再支出。

四、任务实施

（一）操作流程

1. 填制原始凭证

序号	操作流程	角色	注意事项
1	确定原始凭证的类别	出纳	外来原始凭证或者自制原始凭证；一次性原始凭证或者累计原始凭证等
2	填写原始凭证	出纳	日期、经济内容、大小写金额、签章等与实际相符
3	签章	出纳	分清现金收讫、付讫、财务专用章、法人章
4	传递原始凭证给制证会计	出纳	

2. 审核原始凭证

序号	操作流程	角色	注意事项
1	确定原始凭证种类	出纳	外来原始凭证或者自制原始凭证；一次性原始凭证或者累计原始凭证等
2	审核原始凭证	出纳	日期、经济内容、大小写金额、签章等与实际相符
3	传递原始凭证给制证会计	出纳	

（二）具体步骤

1. 填写原始凭证

（1）出纳张明核对借款单、报销单等原始凭证，核实结余款为退回款项 200 元。

（2）填写一式三联的收款收据，盖章后，将第二联交付付款人，如图 2-36 所示。

图 2-36　收款收据样例（1）

（3）将收款收据第一联用于存根，第三联传递给制证人员，填制记账凭证，如图2-37所示。

收 款 收 据

2016年 4 月 5 日　　　　　　　　NO.0000001

交款单位：　营销部营销专员李磊

人民币（大写）　×拾×万×仟贰佰零拾零元零角零分（小写）￥ 200.00

交款事由：　差旅费报销退回余款

现金收讫

盖章（收款单位）　　　　　　　签字（收款人）　张明

第三联　记账

图 2-37　收款收据样例（2）

2. 审核原始凭证

（1）采购员将增值税专用发票抵扣联（见图2-38）和发票联（见图2-39）传递给出纳张明。

（2）出纳张明依据"八审八看"审核办法，审核增值税专用发票抵扣联和发票联是否真实、有效、合法。

天津市增值税专用发票

220061235876　　　　　　　　　　　　　　　NO：556625803

抵扣联

开票日期：2016年4月3日

购货单位	名　称：天津市通达有限责任公司					密码区	加密版本（略）		
	纳税人识别号：220485839746382								
	地址、电话：天津市人民路158号 022-28965890								
	开户银行及账号：中国银行天津市人民路支行 48976326922								
货物或应税劳务名称	规格型号	单位	数量	单价	金额		税率	税额	
钢管		根	20 000	100	2 000 000.00		17%	340 000.00	
合　计					2 000 000.00			340 000.00	
价税合计（大写）	⊗ 贰佰叁拾肆万元整					（小写）￥2 340 000.00			
销货单位	名　称：天津市大明有限责任公司					备注	天津市大明有限责任公司 1123345588387777 发票专用章		
	纳税人识别号：1123345588387777								
	地址、电话：天津市玉泉路45号 022-38006602								
	开户银行及账号：工商银行天津市支行 002557824300								
收款人：　　　　复核：　　　　开票人：　　　　销货单位：（章）									

第二联　购货方用来扣税

图 2-38　增值税专用发票样例（1）

天津市增值税专用发票

220061235876

发票联

NO：556625803

开票日期：2016 年 4 月 3 日

购货单位	名　称：天津市通达有限责任公司					密码区	加密版本（略）		
	纳税人识别号：220485839746382								
	地　址、电话：天津市人民路158号 022-28965890								
	开户银行及账号：中国银行天津市人民路支行 48976326922								

货物或应税劳务名称	规格型号	单位	数量	单价	金　额	税率	税　额
钢管		根	20 000	100	2 000 000.00	17%	340 000.00
合　计					2 000 000.00		340 000.00
价税合计（大写）	⊗ 贰佰叁拾肆万元整				（小写）￥2 340 000.00		

第三联　购货方用来记账

销货单位	名　称：天津市大明有限责任公司	备注	天津市大明有限责任公司 码：112334558838777 发票专用章
	纳税人识别号：112334558838777		
	地　址、电话：天津市玉泉路45号 022-38006602		
	开户银行及账号：工商银行天津市支行 002557824300		

收款人：　　　　　复核：　　　　　开票人：　　　　　销货单位：（章）

图 2-39　增值税专用发票样例（2）

（3）审核无误后，出纳张明将原始凭证传递给制证会计李红，填制记账凭证（表略）。

实训任务六：学习设置、登记、核对和计算出纳账簿

一、实训目标

目标分解	目标描述
知识目标	了解出纳账簿
	了解记账规则
技能目标	掌握出纳账簿的设置和启用
	掌握登记、结算和核对账簿的方法
素养目标	养成日记账簿登记的良好习惯
	养成日记账簿登记的严谨态度

二、任务导入

2016 年 4 月 6 日，制证会计传递记账凭证如下：

（1）依据 4 月 5 日收款收据填制的记账凭证（见图 2-40）。

收 款 凭 证

借方科目：库存现金   2016年 4 月 5 日   总字第＿＿＿号
收字第 004 号

| 摘 要 | 贷 方 科 目 | | 金 额 | 记账 |
	总账科目	明细科目	千百十万千百十元角分	（签章）
差旅费	其他应收款	营销部	2 0 0 0 0	
合 计			￥ 2 0 0 0 0	

财务主管：　　　出纳：　　　　复核：　　　　制单：李 红

附单据 1 张

图 2-40　记账凭证填制样例（1）

（2）依据 4 月 6 日增值税抵扣联和发票联填制的记账凭证（见图 2-41）。

付 款 凭 证

贷方科目：银行存款   2016年 4 月 6 日   总字第＿＿＿号
付字第 003 号

| 摘 要 | 借 方 科 目 | | 金 额 | 记账 |
	总账科目	明细科目	千百十万千百十元角分	（签章）
采购款	原材料	钢管	2 0 0 0 0 0 0 0	
	应交税费	应交增值税（进项税）	3 4 0 0 0 0 0	
合 计			￥ 2 3 4 0 0 0 0 0	

财务主管：　　　出纳：　　　　复核：　　　　制单：李 红

附单据 2 张

图 2-41　记账凭证填制样例（2）

如果你是出纳张明，请依据记账凭证登记日记账。

三、知识准备

出纳账簿是以会计凭证为依据，全面、连续地反映货币资金收付业务的账簿，主要是现金日记账和银行存款日记账及有关的备查账簿。

（一）出纳账簿的设置与启用

1. 出纳账簿设置的基本要求

每个单位都必须设置现金日记账和银行存款日记账，这两个账簿是国家财政部门建账监管的主要账簿。现金日记账和银行存款日记账必须采用三栏式的订本式账簿，不得用银行对账单或其他方法代替日记账。备查账簿可根据每个单位的具体情况设置。

2. 出纳账簿的启用和交接

在启用会计账簿时，应当在账簿封面上写明单位名称和账簿名称；在账簿扉页上附启用表（见图 2-42），其内容包括：启用日期、账簿页数、记账人员和会计机构负责人、会计主管人员姓名及其签章，并加盖单位公章。

出纳人员因工作变动需调换时，新老出纳人员必须办理交接手续，交接时，在有关出纳账簿扉页上注明交接日期、接办人员或监交人员姓名，并由交接双方人员签名或盖章。必要时，在会计主管人员或有关责任人主持下进行交接，点清库存现金及各种有价证券，交出空白发票或收据、支票、印鉴和账簿等，复写一式多份的"会计交接手续说明和财产物资清单"并由交接双方和监交人一起在上面签章。

账簿启用和经管交接表

单位名称	天津市通达有限责任公司	账簿名称		现金日记账	单位主管签章	
账簿编号	自第 号起至第 号止共 号				李爱国	
账簿页数	自第 1 页起至第 100 页止共 100 页					
启用日期	2016 年 1 月 1 日					
经管人员	职称	经管或接交日期	称	日 期	签章	备注
张明	会计师	2016 年 1 月 1 日	年 月 日		张明	
		年 月 日	年 月 日			
		年 月 日	年 月 日			

图 2-42 出纳账簿启用表样例

（二）现金日记账和银行存款日记账登账的基本要求与规则

1. 启用现金日记账和银行存款日记账的基本要求

启用订本式现金日记账和银行存款日记账后，应当从第一页到最后一页按顺序编写页数，不得跳页、缺页。登记中不得撕毁其中任何一页，即使作废也应保留。

2. 日记账登账的要求与规则

（1）出纳账必须根据审核无误的会计凭证进行登记。出纳人员认为有问题的会计凭证，应提供给会计主管进一步审核，由会计主管按照规定做出处理决定。出纳人员不能擅自更改会计凭证，更无权随意处置原始凭证。对于有问题而又未明确解决的会计凭证或经济业务，出纳应拒绝入账。

（2）登记出纳账应按第一页到最后一页的顺序进行，不得跳行、隔页、缺号。如果发生了跳行、隔页，不能因此而撕毁账页，也不得任意涂改。而应在空白行或空白页的摘要栏内，划红色对角线予以注销，或者注明"此行空白"或"此页空白"字样，并由出纳人员签章。订本式日记账严禁撕毁账页。

（3）出纳日记账应该每天逐笔登记，每日结出余额。现金日记账余额每天还要与库存现金进行核对。

（4）登记出纳日记账时，应当将所依据的会计凭证日期、编号、业务内容摘要、金额和其他有关资料逐项记入账内，做到数字准确、摘要清楚、登记及时、字迹工整。

（5）日记账中书写的文字和数字上面要留有适当空格，不要写满格，一般应占格距的二分之一至三分之一。

（6）登记日记账要用蓝黑墨水或碳素墨水书写，不得使用圆珠笔、铅笔书写。红色墨水只能在结账划线、划线更正错误和红字冲账时使用。

（7）每一账页登记完毕结转下页时，应当结出本页合计数及余额，写在本页最后一行和下页第一行的相关栏内，并分别在摘要栏内注明"过次页"和"承前页"字样；也可以将本页合计数及金额只在下一页第一行的相关栏内，并在摘要栏内注明"承前页"字样。

（8）在登账过程中发生账簿记录错误的，不得刮、擦、挖、补，更不允许采用褪色药水或修正液进行更正，也不得更换账页重抄。而应根据错误的具体情况，采用正确的方法予以更正。现金日记账簿登记样例如图2-43所示。

现金日记账

2016年		凭证		摘 要	对应科目	收入（借方）金额	支出（贷方）金额	借或贷	结存金额
月	日	字	号			百十万千百十元角分	百十万千百十元角分		百十万千百十元角分
10	1			月初余额				借	1 4 0 0 0 0
	8	付	1	提现金备用	银行存款	1 6 0 0 0 0		借	3 0 0 0 0 0
	8	付	2	报销差旅费	管理费用		1 7 2 0 0	借	2 8 2 8 0 0
	8	付	3	预借差旅费	其他应收款		8 0 0 0 0	借	2 0 2 8 0 0
	8	付	4	提现备发工资	银行存款	3 8 5 0 0 0 0		借	4 0 5 2 8 0 0
	8	付	5	发放工资	应付工资		3 8 5 0 0 0 0	借	2 0 2 8 0 0
	8			本日合计		4 0 1 0 0 0 0	3 9 4 7 2 0 0	借	2 0 2 8 0 0
	...	...	...	......	......				
	31			本日合计		5 0 1 6 0 0	1 3 2 8 0 0	借	5 7 1 6 0 0
10	31			本月合计		1 3 5 6 5 3 0 0	1 3 1 3 3 7 0 0	借	5 7 1 6 0 0

图 2-43　现金日记账簿登记样例

（三）日记账的对账与结账

1．日记账的对账

对账是对出纳账簿记录所进行的核对工作。对账工作是保证账账、账证、账实、账表相符的重要条件。出纳账的对账包括：

（1）账证核对是指出纳账记录与据以登账的会计凭证之间的核对，检查其两者的时间、凭证字号、内容、金额是否一致，要求做到账证相符。

（2）账账核对是指出纳的现金日记账和银行存款日记账要与会计掌管的现金和银行存款总账核对，要求做到账账相符。

（3）账实核对是指每日的现金日记账余额与库存现金实有数相核对；银行存款出纳账定期与单位在银行的实际存款（用银行对账单代替）金额核对，要求做到账实相符。

（4）账表核对是指每期会计报表中的现金和银行存款数必须与出纳账的数字相核对，做到账表相符。

2．日记账的结账方法

（1）结账前，必须将本期内所发生的各项现金和银行存款收付业务全部登记入账。

（2）结账时，结出"现金"和"银行存款"账户的本月（年）发生额和期末余额。结账分为月结和年结。月结时，在摘要栏内注明"本月合计"字样，并在下面通栏划单红线即可；年结时，在摘要栏内注明"本年累计"字样，并在下面通栏划双红线。

（3）年度终了，将"现金"和"银行存款"账户的余额结转到下一会计年度，并在摘要栏内注明"结转下年"字样；在下一会计年度新建的"现金"和"银行存款"的日记账的第一页第一行的摘要栏内注明"上年结转"字样，并将金额填入余额栏。

（四）出纳备查账的设置与登记

出纳人员保管和经手大量的有价证券和重要的票证，为了详细地了解其使用、结存及其他情况，出纳人员应当根据需要设置相关的备查账簿。

1．支票领用登记簿

支票领用登记簿的内容一般应包括：领用日期、支票号码、领用人、用途、收款单位、限额、批准人、销号等。出纳人员在领用支票时，要在登记簿"领用人"栏内签名或盖章；领用人将支票的存根或未使用的支票交回时，应在登记簿"销号"栏销号并注明销号日期。支票领用登记簿样例如图 2-44 所示。

支 票 领 用 登 记 簿

日期	支票类型	支票号码	用途	金额	领用人	核准人	销号
2016.01.13	现金支票	XIV00000200	备用金	10 000.00 元	李华	郝中华	

图 2-44　支票领用登记簿样例

2. 应收票据（银行承兑汇票）备查登记簿

应收票据（银行承兑汇票）备查登记簿的内容一般包括：日期、凭证号、出票单位、出票日、到期日、承兑人、票面金额、利率、承兑或贴现、背书或转让、期末余额等信息。具体操作中，出纳人员应逐笔登记每一应收票据的种类、号数、出票日期、票面金额、票面利率、交易合同号，付款人、承兑人、背书人的姓名或单位名称，到期日、背书转让日、贴现日期、贴现率、贴现净额、未计提的利息，以及收款日期和收回金额、退票情况等资料。应收票据到期结清票款或退票后，应当在备查簿内逐笔注销。应收票据（银行承兑汇票）备查登记簿样例如图 2-45 所示。

应收票据（银行承兑汇票）备查簿

单位：元

应收票据情况记录						承兑银行	转让单位	贴现		承兑	
收票日期	票号	出票单位	出票日	到期日	票面金额			日期	金额	日期	金额
2016年2月1日	A000002	天津恒通橡胶有限公司	2016年1月1日	2016年5月31日	50 000.00	天津海河工商银行					
2016年2月8日	A000002	天津恒通橡胶有限公司	2016年1月1日	2016年6月30日	100 000.00	天津鞍山道中国银行					

图 2-45　应收票据（银行承兑汇票）备查登记簿样例

3. 应付票据备查登记簿

应付票据备查登记簿的内容一般包括：票据种类、开票项目、收款单位、合同号、票据号码、出票日期、到期日期、金额等。具体操作中，出纳人员应详细登记每一应付票据的种类、号数、签发日期、到期日、票面金额、票面利率、合同交易号、收款人姓名或单位名称，以及付款日期和金额等资料。应付票据到期结清时，出纳人员应当在备查簿内逐笔注销。应付票据登记簿样例如图 2-46 所示。

应付票据备查簿

编制单位：天津小精灵公司　　　　　　　日期：2016 年 4 月 3 日　　　　　单位：万元

序号	汇票种类	开票项目	收款单位	交易合同号	票据号码	出票日期	到期日期	开票金额	保证金	汇票金额	是否注销	备注1	备注2
1	银行承兑汇票	×××项目	北京洋成商贸有限责任公司	78861308102	201155060	20130603	20130603	60.00	0	60.00	是		
2	银行承兑汇票	×××项目	广西盛达混凝土有限公司	78861308103	201155061	20130603	20130603	40.00	0	40.00	是		
3	银行承兑汇票	×××项目	广西洋成商贸有限责任公司	78861308143	21155851	20130603	20130603	35.00	0	35.00	否		
4	银行承兑汇票	×××项目	北京恒通橡胶有限公司	788613080145	21155964	20130603	20130603	50.00	0	50.00	否		
5	银行承兑汇票	×××项目	内蒙古邦尼工贸有限公司	788613000149	21156049	20130603	20130603	20.00	0	20.00	否		

图 2-46　应付票据登记簿样例

4. 发票（收据）领用登记簿

发票领用登记簿的内容一般包括：开票日期、单位名称、发票类别、发票号码、金额、领票人签字等。具体操作中，出纳人员应详细登记增值税专用发票及普通发票的领购、填开、缴销、结存等情况。发票领用登记簿样例如图 2-47 所示。

发票领取登记簿

单位：元

序号	开票日期	单位名称	发票类别	发票号码	金额（含税）	名称	取票人签字
1	2016 年 10 月 8 日	天津海河贸易有限公司	专用发票	AS12345	12 343.00	XXX	王虎
2	2016 年 11 月 5 日	天津津海投资有限公司	专用发票	TP34545	22 256.00	YYY	李亮
3	2016 年 11 月 23 日	天津恒通销售有限公司	普通发票	AS12876	10 000.00	AAA	郝仁
4	2016 年 12 月 8 日	天津海河贸易有限公司	普通发票	AS12679	30 000.00	DDD	赖红

图 2-47　发票领用登记簿样例

5. 有价证券登记簿

有价证券登记簿的内容一般包括：证券名称、券别、购买日期、号码、数量和金额等。具体操作中，出纳人员应详细记载单位有价证券的名称、券别、购买日期、号码、数量和金额等项目。

四、任务实施

（一）操作流程

1. 库存现金日记账登记流程

序号	操作流程	角色	注意事项
1	审核记账凭证	出纳	记账凭证登记日期、金额、会计科目是否与真实发生业务一致
2	依据记账凭证，登记库存现金日记账	出纳	库存现金日记账登账要求
3	将记账凭证传递给其他会计，并登记其他账簿	出纳	

2. 银行存款日记账登记流程

序号	操作流程	角色	注意事项
1	审核记账凭证	出纳	记账凭证登记日期、金额、会计科目是否与真实发生业务一致
2	依据记账凭证登记银行存款日记账	出纳	银行存款日记账登账要求
3	将记账凭证传递给其他会计，并登记其他账簿	出纳	

（二）具体步骤

1. 库存现金日记账登账

（1）出纳张明审核制证会计传递的收款凭证（见图 2-40）及所附原始凭证是否与真实发生业务一致，根据审核无误的记账凭证，登记库存现金日记账（见图 2-48）。

库存现金日记账

2016年 月	2016年 日	凭证编号	摘要	对应科目	借 方 百十万千百十元角分	贷 方 百十万千百十元角分	余 额 百十万千百十元角分
			承前页		2 5 0 0 0 0 0	5 0 0 0 0 0	2 0 0 0 0 0 0
4	6		差旅费	其他应收款	2 0 0 0 0		2 0 2 0 0 0 0

图 2-48　登记库存现金日记账

（2）出纳张明账簿登记完毕后，将记账凭证传递给总账会计登记总账（表略）。

2. 银行存款日记账登账

（1）出纳张明审核制证会计传递的付款凭证（见图 2-41）及所附原始凭证是否与真实发生业务一致，根据审核无误的记账凭证，登记银行存款日记账（见图2-49）。

银行存款日记账

2016年		凭证编号	摘要	对应科目	借　方											贷　方											余　额										
月	日				千	百	十	万	千	百	十	元	角	分	千	百	十	万	千	百	十	元	角	分	千	百	十	万	千	百	十	元	角	分
			承前页			4	5	0	0	0	0	0	0	0			1	3	0	0	0	0	0	0	0		3	2	0	0	0	0	0	0	0
4	6		采购款	原材料														2	0	0	0	0	0	0	0		3	0	0	0	0	0	0	0	0
4	6		采购款	应交税费															3	4	0	0	0	0	0		2	9	6	6	0	0	0	0	0

图 2-49　登记银行存款日记账

（2）出纳张明账簿登记完毕后，将记账凭证传递给总账会计登记总账（表略）。

实训任务七：学习错账更正方法

一、实训目标

目标分解	目标描述
知识目标	了解错账产生的原因和类型
	理解错账查找的方法
	理解错账更正的方法
技能目标	掌握错账查找的方法
	掌握错账更正的方法
素养目标	养成现金盘点和对账的良好习惯

二、任务导入

2016 年 4 月 6 日，出纳张明在登记现金日记账时发现有 3 处登记错误：

（1）科目错误：4 月 6 日发生的办公费报销，因一时疏忽，将应计入借方的"管理费用"，错登为"财务费用"。

（2）金额错误，实际发生额大于登记额：4 月 6 日从银行提取备用金，实际金额为"10 000"元，错登为"1 000"元。

（3）金额错误，实际发生额小于登记额：4 月 6 日差旅费借款时，将实际借款金额"2 000"元，错登为"20 000"元。

如果你是出纳张明，结账前应该怎么办？

三、知识准备

（一）错账查找方法

1. 除二法

记账时稍有不慎，就很容易发生借贷方记反或红蓝字记反的错误，这简称为"反向"。它有一个特定的规律，即错账差数一定是偶数，将差数用二除得的商就是错账数，因此称这种查账方法为除二法。这是一种最常见而简便的查错账方法。

例如，某月资产负债表借贷的两方余额不平衡，其错账差数是 3 750.64 元，这个差数是偶数，它就存在"反向"的可能，那么我们可以计算 3 750.64/2＝1 875.32 元，这样只要去查找 1 875.32 元这笔账是否记账反向就可以了。

如错误差数是奇数，那就没有记账反向的可能，也就不适用于"除二法"来查。

2. 除九法

在日常记账中常会发生前后两个数字颠倒、三个数字前后颠倒和数字移位。它们共同的特点是错账差数一定是 9 的倍数，以及差数每个数字之和也是 9 的倍数，因此，这类情况均可应用"除九法"来查找。下面分 3 种情况来讲：

第一种情况是两数前后颠倒，除以上共同特点之外还有其固有的特点，就是错账差数用九除得的商是错数前后两数之差，例如：

（1）差数是 9，那么错数前后两数之差是 1，如 10、21、32、43、54、65、76、87、89 及其各"倒数"（这里的"倒数"是指个位与十位前后颠倒的错数，下同）。

（2）差数是 18/9＝2，那么错数前后两数之差是 2，如 20、31、42、53、64、75、86、97 及其各"倒数"。

（3）差数是 27/9＝3，那么错数前后两数之差是 3，如 30、41、52、63、74、85、96

及其各"倒数"。

（4）差数是 36/9＝4，那么错数前后两数之差是 4，如 40、51、62、73、81、95 及其各"倒数"。

（5）差数是 45/9＝5，那么错数前后两数之差是 5，如 50、61、72、83、94 及其各"倒数"。

（6）差数是 54/9＝6，那么错数前后两数之差是 6，如 60、71、82、93 及其各"倒数"。

（7）差数是 63/9＝7，那么错数前后两数之差是 7，如 70、81、92 及其各"倒数"。

（8）差数是 72/9＝8，那么错数前后两数之差是 8，如 80、91 及其各"倒数"。

（9）差数是 81/9＝9，那么错数前后两数之差是 9，如 90 及其"倒数"。

例如，将 81 误记 18，则差数是 63，以 63/9＝7，那么错数前后两数之差肯定是 7，这样只要查 70、81、92 及其各"倒数"即可。无须在与此无关的数字中去查找。

第二种情况是 3 个数字前后颠倒，既具有共同特点外，也有其固定的特点，即三位数前后颠倒的错账差数都是 99 的倍数，差数用 99 除得的商即是三位数中前后两数之差。例如：

（1）三位数头与尾两数之差是 1，那么数字颠倒后的差数是 99，如 100－001、221－122、334－433、445－544、655－556、766－667、889－988、998－899，其差数都是 99。

（2）三位数头与尾两数之差是 2，那么数字颠倒后的差数则是 99 的二倍，即为 198，如 311－113、466－664、557－755、775－577、886－688、997－799，其差数都是 198。

（3）三位数头与尾两数之差是 3，那么数字颠倒后的差数则是 99 的三倍，即为 297，如 441－144、552－255、663－366、744－447、885－588、996－699，其差数都是 297。

（4）三位数头与尾两数之差是 4，那么数字颠倒后的差数则是 99 的四倍，即为 396，如 551－155、662－266、773－377、844－448、955－559，其差数都是 396。

（5）三位数头与尾两数之差是 5，那么数字颠倒后的差数则是 99 的五倍，即为 495，如 550－055、661－166、722－227、833－338、944－449，其差数都是 495。

（6）三位数头与尾两数之差是 6，那么数字颠倒后的差数则是 99×6＝594，头与尾数之差是 7，那么数字颠倒的差是 99×7＝693；头与尾数之差是 8，那么数字颠倒的差是 99×8＝792；头与尾数之差是 9，那么数字颠倒的差是 99×9＝891。

第三种情况是数字移位，或称错位，俗称大小数，这是日常工作中较容易发生的差错，它除了具有差数和差数每个数字之和是 9 的倍数的特点外，也有其固定的特点，即数字移位的错误，只要将差数用 9 除得的商就是错账数。

例如，2 000 错记为 200 或 20 000，它的差数为 1 800 和 18 000，它们的差数和每个数字之和都是 9 的倍数，将差数分别用 9 除得的商则是 200 和 2 000，只要查找这些数字就能查到记账移位的错误了。

数字移位危害很大，如向前移一位，它的差数就虚增了 9 倍，向后移一位就虚减了 90%，如不及时查出，就会严重影响会计核算的正确性。因此，对这些错账必须高度警惕，要及早发现并纠正，确保会计核算数字的正确。

"9"是个奇妙的数字，它的奇妙之处还有很多，上面两位数与其倒数的差数和三位数字与其倒数的差数是9的倍数，数字与其移位后的数字的差数也是9的倍数，其实任何数字与其倒数的差数都是9的倍数，而且任何四位顺序数与其倒数之差都是3 087，如4 321－1 234、6 432－2 345、6 543－3 456其倒数的差都是3 087。任何五位数顺序数与其例数之差都是41 976，任何六位数顺序数与其倒数之差都是530 865，任何七位数顺序数与其倒数之差都是6 419 754……这些差数都是9的倍数。

还有这样一个奇怪的数字12 345 679，若用9乘，积变成111 111 111，若用2×9＝18乘，积变成9个2，若用3×9＝27乘，积变成9个3……若用9×9＝81乘，积变9个9，这些都说明"9"的奇妙，因此，"除九法"在查错账中占据了重要的地位。

3. 差数法

根据错账差数直接查找的方法叫作差数法。有以下两种错账可用此法：

第一种是漏记或重记，因记账疏忽而漏记或重记的一笔账，只要直接查找到差数的账就能查到错账，这类错账最容易发生在本期内若干笔同样数字的账上。

例如，错账差数是1 000元，本期内发生1 000元的账有10笔，此时，重复查找1 000元的账是否漏记或重记就可以了。

第二种是串户，串户可分为记账串户和科目汇总串户。

先讲记账串户。例如，某公司在本单位有应收款和应付款两个账户，如记账凭证是借应收账款某公司500元，而记账时误记入借应付账款某公司500元，这就导致资产负债表双方是平衡的，但总账与分户明细账核对时，应收款与应付款各发生了差数500元，此时可以运用差数法，到应收账款或应付款账户中直接查找500元的账是否串户。

若科目汇总（合并）时，将借应收账款500元误作为借应付账款500元汇总了，同样在总账与分类明细账核对时，这两科目同时发生了差数500元，经过查对，如记账没有发生串户，那么必定是科目汇总（合并）时发生了差错，查明更正即可。

4. 象形法

在核对账目表时，较多地遇到仅相差几分钱的错账，这类错账一般来说是因数字形状相像而发生的差错。根据其数字形状象形的规律去查找错账的方法命名为"象形法"，按其差数一般有如下规律：

（1）如差数是1，可能是3与2，5与6之误。

（2）如差数是2，可能是3与5，7与9之误。

（3）如差数是3，可能是3与6，6与9之误。

（4）如差数是4，可能是1与5，4与8之误。

（5）如差数是5，可能是1与6，2与7，3与8之误。

（6）如差数是 6，可能是 0 与 6，1 与 7 之误。

（7）连续同数字的账，容易发生少计或多计一位同数，如 833 330 容易误记为 833 333 或 833 300，如差数是 3 或 30 并有连续数字的账，就可复查一下。

5．追根法

若一笔错账已查了许久，且对本期发生额都查得正确无误，但会计账表就是不平衡，在这种情况下不妨运用"追根法"去追查上期结转数字，并逐笔核对结转是否出差错，问题可能恰恰出在那个"源头"上。

这是因为会计账表的平衡关系是绝对的，假如本期发生额确实查明正确无误，那么必然是期初数（上期结转数）在结转记账时有差错。

6．顺查法

当错账发生笔数较多，各种错账混杂一起，且不能用一种方法查出时，那就必须用"顺查法"来查。查账程序基本上与记账程序一样，每查对一笔就必须在账的后端做一个符号，这样逐笔查下去就能查出。在顺查时一定要仔细认真，并结合以上方法。总之，不要被错账的假象所蒙蔽，否则又必须从头查起。只要仔细认真去查，错账一定会暴露出来的。

7．优选法

为了能较快地查出错账，必须在各种查错账方法中进行优选和在查错账的程序上进行优选。

查错账方法上的优选，首先要根据错账差数进行分析，选定查账方法，适用两种方法以上的应按"先易后难、先逆查后顺查"的优选程序进行。查错账方法的选择得当与否跟查错账速度相关。

查错账程序上的优选，就是确定先查什么时间的错账较好，同时也要依企业大小而定，一般采用三分法。如某企业一月份资产负债表不平衡，其差数是资产方多 1 001 元。本月记账凭证共三册共 1—30 号，那么就将第一册 1—10 号的各科目余额先进行试算是否平衡，若不平衡，差数也是 1001 元，这就说明错账发生在第一册 1—10 号的账上。若 1—10 号是平衡的，这说明错账在 11 号凭证以后的账上，那么再将第二册 11—20 号上的总账各科目余额进行试算，试算后即可确定错账是发生在第二册 11—20 号凭证，还是在第三册 21—30 号凭证上。这样，错账的目标缩小了，就便于集中精力在小范围内查找错账。

（二）错账更正的方法

1．划线更正法

划线更正法是指用红线注销原有错误记录，然后在红线上写入正确记录并更正错误的一种错账更正方法。

适用范围：结账以前发现账簿记录中文字或数字有错误，而其所依据的记账凭证没有错误，即纯属记账时文字或数字的笔误的情况。

更正方法：先在错误的文字或数字上画一条红色横线，表示注销，但必须使原有字迹仍可辨认，以备考查；然后在划线上方空白处用蓝字写上正确的文字或数字，并由记账人员在更正处盖章，以明确责任。必须注意的是，对于文字错误，可只划去错误的部分。对于数字错误，必须将整笔数字用红线全部划去，不能只划去其中几个错误数字。

例1：某企业出纳王明在登记日记账时，误将报销办公费2 100元写成1 200。这种情况可采用划线更正法（见图2-50）：

（1）找到登记错误的数字1 200元，将整个数字用单红线划去。

（2）在划线的数字上方预留空格内填入蓝色或黑色的正确数字2 100元。

（3）出纳人员在更正处盖章，以示负责。

库存现金日记账

2016年		凭证编号	摘要	对应科目	借　方									贷　方									余　额								
月	日				百	十	万	千	百	十	元	角	分	百	十	万	千	百	十	元	角	分	百	十	万	千	百	十	元	角	分
3	31		期末余额																						2	0	0	0	0	0	
4	6	收004	差旅费	其他应收款					2	0	0	0	0												2	0	2	0	0	0	0
4	6	付004	报销办公费	管理费用										王明 2	1	0	0	0	0 1 2 0 0 0 0						1	8	1	0	0	0	0

图2-50　划线更正法样例

2. 红字更正法

红字更正法又称赤字冲账法、红字冲账法，是指用红字冲销或冲减原记数额，以更正或调整账簿记录错误的一种方法。

（1）红字冲销法

红字冲销法的适用范围：根据记账凭证所记录的内容记账以后，在当年内发现记账凭证中应借应贷的会计科目错误或记账方向错误。

更正方法：先以红字金额填写一张与原错误记账凭证中内容完全相同的记账凭证，在摘要栏注明"注销某月某日某号凭证"字样，并据以用红字登记入账，冲销原有错误的记账记录；同时再用蓝字或黑字重新填制一张正确的记账凭证，在摘要栏内注明"更正某月某日某号凭证"字样，并据以用蓝字或黑字登记入账。

例2：某企业5月10日从银行提取现金380元（已填制凭证银付8号），5月14日发现在填制记账凭证时，选择付款凭证误将380元填为830元，并已据此登记入账。这种情况采用红字冲销法的更正步骤如下：

① 编制一张红字（金额）记账凭证，用以冲销全部错误金额，如图 2-51 所示。

付 款 凭 证

2016 年 5 月 14 日

总字第＿＿＿号
付字第 021 号

贷方科目： 银行存款

摘 要	借 方 科 目		金 额	记账
	总账科目	明细科目	千百十万千百十元角分	（签章）
注销10日银付 8号	库存现金		8 3 0 0 0	
合 计			￥8 3 0 0 0	

财务主管：　　　　出纳：　　　　　　复核：　　　　制单： 黎明

附单据张

图 2-51　红字冲销法红字记账凭证填制样例

② 编制一张正确的蓝字或黑字（金额）记账凭证，如图 2-52 所示。

付 款 凭 证

2016 年 5 月 14 日

总字第＿＿＿号
付字第 022 号

贷方科目： 银行存款

摘 要	借 方 科 目		金 额	记账
	总账科目	明细科目	千百十万千百十元角分	（签章）
更正10日银付 8号	库存现金		3 8 0 0 0	
合 计			￥3 8 0 0 0	

财务主管：　　　　出纳：　　　　　　复核：　　　　制单： 黎 明

附单据张

图 2-52　红字冲销法蓝字（黑字）记账凭证填制样例

③ 依据编制的记账凭证登记库存现金日记账（见图 2-53）和银行存款日记账（表略）。

（2）红字冲减法

红字冲减法的使用范围：根据记账凭证所记录的内容记账以后，发现记账凭证上应借应贷的会计科目、记账方向都没有错误，只是所记金额大于应记金额，而造成账簿记录有错误。

更正方法：将多记金额（即正确金额与错误金额之间的差额）用红字编制一张与原错误的记账凭证所记载的应借应贷的会计科目和记账方向完全相同的记账凭证，在摘要栏内注明"冲销某年某月某日某号凭证"字样，以冲销多记金额，并据此登记入账。

例3：错账情况同例2，采用红字冲减法进行更正的步骤如下：

① 编制一张红字（金额）记账凭证，用以冲减多记金额，如图2-54所示。

② 依据编制的记账凭证登记库存现金日记账（见图2-55）和银行存款日记账（表略）。

库存现金日记账

2016年		凭证编号	摘要	对应科目	借 方									贷 方									余 额								
月	日				百	十	万	千	百	十	元	角	分	百	十	万	千	百	十	元	角	分	百	十	万	千	百	十	元	角	分
4	30		期末余额																						2	0	0	0	0	0	0
			... 略																												
5	10	银付008	提现	银行存款				8	3	0	0	0													2	0	8	3	0	0	0
5	14	银付021	注销10日银付008	银行存款				8	3	0	0	0													2	0	0	0	0	0	0
5	14	银付022	更正10日银付008	银行存款				3	8	0	0	0													2	0	3	8	0	0	0

图 2-53　红字冲销法登记日记账样例

付 款 凭 证

贷方科目：__银行存款__　　　　　2016 年　5 月 14 日　　　　　总字第____号　付字第 _021_ 号

摘 要	借 方 科 目		金 额									记账（签章）
	总账科目	明细科目	千	百	十	万	千	百	十	元	角	分	
冲销10日银付8号	库存现金						4	5	0	0	0	
合　计							¥	4	5	0	0	0	

财务主管：　　　　出纳：　　　　复核：　　　　制单：黎 明

附单据 张

图 2-54　红字冲减法红字记账凭证填制样例

库存现金日记账

2016年		凭证编号	摘要	对应科目	借　方									贷　方									余　额								
月	日				百	十	万	千	百	十	元	角	分	百	十	万	千	百	十	元	角	分	百	十	万	千	百	十	元	角	分
4	30		期末余额																					2	0	0	0	0	0	0
		…	略																											
5	10	银付008	提现	银行存款				8	3	0	0	0												2	0	8	3	0	0	0
5	14	银付021	冲销10日银付008	银行存款				4	5	0	0	0												2	0	3	8	0	0	0

图 2-55　红字冲减法登记日记账样例

3. 补充登记法

补充登记法是指用蓝字或黑字登记金额，调整账簿记录错误的一种方法。

适用范围：记账凭证上应借应贷的会计科目、记账方向都没有错误，只是所记金额小于应记金额，而造成账簿记录错误的情况。

更正方法：将少记金额用黑字或蓝字编制一张与原错误记账凭证所记载的应借应贷的会计科目和记账方向相同的记账凭证，在摘要栏内注明"补记某月某日某号凭证少记金额"字样，以补记少记金额，并据以登记入账。

例 4：某企业 8 月 12 日以银行存款 32 000 偿还上月原材料购货款，在填制凭证时，误将金额填为 3 200 元，并据此登记日记账。采用补充登记法的步骤如下：

（1）填制一张记账凭证，用蓝字或黑字登记金额，金额数字为少记金额 32 000−3 200＝28 800 元，如图 2-56 所示。

（2）补充登记日记账，如图 2-57 所示。

付 款 凭 证

总字第_____号

贷方科目：银行存款

2016 年 8 月 12 日

付字第 017 号

摘　要	借　方　科　目		金　额	记账
	总账科目	明细科目	千百十万千百十元角分	（签章）
补记12日银付014号少记金额	应付账款		2 8 8 0 0 0 0	
合　　计			￥2 8 8 0 0 0 0	

财务主管：　　　出纳：　　　复核：　　　制单：黎明

附单据　　张

图 2-56　补充登记法记账凭证填制样例

银行存款日记账

开户银行：中国工商银行天津市支行　　　　　　银行账号：2345678999

2016年		凭证编号	摘要	对应科目	借　方	贷　方	余　额
月	日				千百十万千百十元角分	千百十万千百十元角分	千百十万千百十元角分
8	1		期初余额				4 0 0 0 0 0 0 0
			略				
8	12	银付014	偿还采购款	应付账款		3 2 0 0 0 0	3 9 9 6 8 0 0 0 0
8	12	银付017	补记银付014号少记金额	应付账款		2 8 8 0 0 0	3 9 6 8 0 0 0 0 0

图 2-57　补充登记日记账样例

四、任务实施

（一）操作流程

序号	操作流程	角色	注意事项
1	了解错账产生的原因和类型	出纳	
2	查找错账	出纳	
3	会计处理	出纳	

（二）具体步骤

1. 科目错误的错账更正

（1）判断错误适用的更正方法。出纳张明对账发现，在登记办公费报销业务时，记账凭证登记的此业务是借：管理费用，贷：库存现金。出纳张明一时疏忽，将科目"管理费用"登记为"财务费用"。因此，出纳张明采用"划线更正法"对日记账进行更正。

（2）用单红线将日记账中对应的"财务费用"水平划掉，表示注销；根据实际发生业务，更改借贷科目。

（3）在划掉的文字上面，用蓝黑墨水笔写上正确的科目"管理费用"。

（4）出纳张明在更正处盖个人章，财务负责人同时也要盖章。

2. 金额错误的错账更正

（1）判断错误适用的更正方法。

第一种错误是实际发生额大于登记额。即提取备用金为"10 000"元，错登为"1 000"元，针对这种错误，出纳张明应采用补充登记法。

第二种错误是实际发生额小于登记额。即实际借款金额为"2 000"元，错登为"20 000"元，针对这种错误，出纳张明应采用红线更正法。

（2）出纳张明将上述两种错误反馈给制证会计。

（3）出纳张明根据制证会计传递的记账凭证更正错误。

针对第一种错误，出纳张明根据制证会计传递的补充登记的付款凭证，采用补充登记法补充登记少计的金额"900"元。

针对第二种错误，出纳张明根据制证会计传递的红字更正的付款凭证，采用红字更正法冲减多记的金额"18 000"元。

学习情境三：
走上出纳岗位

实训任务一：准备出纳工作交接

一、实训目标

目标分解	目标描述
知识目标	理解出纳交接的含义
	了解出纳交接的内容
技能目标	熟悉出纳交接准备工作
素养目标	养成出纳交接前进行准备的习惯

二、任务导入

　　2016 年 3 月 1 日，天津通达有限责任公司面向社会公开招聘 1 名出纳。经过近 1 个月时间的招聘面试，会计专业的毕业生李华成功获得该岗位。4 月 6 日，出纳张明接到通知，要求他与李华进行岗位交接。交接时间是 4 月 7 日。请帮助出纳张明进行出纳交接前的准备。

三、知识准备

（一）出纳工作交接的含义

　　根据《会计基础工作规范》的规定，出纳人员（含临时代理出纳工作的人员）凡因故不能在原出纳岗位工作时，均应向接管人员（含原被代理人员）办理移交手续；没有办理交接手续的，不得调动或者离职。这是出纳人员对工作应尽的职责，也是分清移交人员和接管人员责任的重要措施。

（二）出纳工作交接的原因

（1）出纳人员辞职或离开工作岗位。

（2）内部工作变动不再担任出纳职务。

（3）出纳岗位内部增加工作人员进行重新分工。

（4）出纳人员轮岗调换到会计岗位。

（5）因病假、事假或临时调用，不能继续从事出纳工作。

（6）因其他情况按规定不能继续从事出纳工作。

（三）出纳工作交接的意义

《会计法》第四十一条规定："会计人员工作调动或者离职，必须与接管人员办清交接手续。一般会计人员办理交接手续，由会计机构负责人（会计主管人员）监交；会计机构负责人（会计主管人员）办理交接手续，由单位负责人监交，必要时主管单位可以派人会同监交。"

（1）做好出纳交接工作，可以使出纳工作前后衔接，保证出纳工作连续进行。在持续经营的会计期间，出纳工作是不间断进行的，出纳人员调动工作或者离职时，与接管人员办清交接手续，是保证出纳工作连续进行的必要措施。

（2）做好出纳交接工作，可以防止因出纳人员更换而出现的账目不清、财务混乱的现象。在出纳人员更换时，如果不办理出纳工作交接，或交接不清，不仅会造成账目不清、财务混乱、财产丢失等，而且会给不法分子在经济上浑水摸鱼以可乘之机。

（3）做好出纳交接工作，也是分清移交人员和接管人员工作责任的一项有效措施。在会计工作交接过程中，按规定要进行认真的账目核对、财产清点等工作。因此，做好会计交接工作，不仅有利于加强财务会计管理，同时也便于分清移交人员和接管人员的责任。

（四）出纳工作交接前的准备

1. 交接前的准备内容

（1）会计凭证（原始凭证、记账凭证），会计账簿（现金日记账、银行存款日记账等），相关报表（出纳报告等）。

（2）现金、银行存款、金银珠宝、有价证券和其他一切公有物品。

（3）用于银行结算的各种票据、票证、支票簿等。

（4）各种发票、收款收据，包括空白发票、空白收据、已用或作废的发票或收据的存联等。

（5）印章，包括财务专用章、银行预留印鉴及"现金收讫""现金付讫""银行收讫""银行付讫"等业务专用章。

（6）各种文件资料和其他业务资料，如银行对账单，以及应由出纳人员保管的合同、协议等。

（7）办公室、办公桌与保险工具的钥匙，各种保密号码。

（8）本部门保管的各种档案资料和公用会计工具、器具等。

（9）经办未了的事项。

（10）实行会计电算化的，还应包括会计软件及密码、磁盘、磁带等有关电算化的资料、实物。

2. 准备移交清册和各种移交表单

详见"实训任务二"中的相关内容。

3. 准备移交前的出纳核算工作

（1）将出纳账登记完毕，并在最后一笔余额后加盖名章。

（2）出纳日记账与现金、银行存款总账核对相符，现金账面余额与实际库存现金核对一致，银行存款账面余额与银行对账单无误。

（3）在出纳账的账簿启用表上填写移交日期，并加盖名章。

（4）整理需要移交的各种资料，对未了事项写出书面说明。

四、任务实施

（一）操作流程

序号	操作流程	角色	注意事项
1	了解出纳交接的概念	出纳	
2	了解出纳交接的内容	出纳	
3	进行出纳交接的准备工作	出纳	

（二）具体步骤

1. 整理需要交接的内容

（1）库存现金：2016 年 4 月 6 日账面余额 27 900.00 元，实存相符，其中 270 张面值 100 元、12 张面值 50 元、20 张面值 10 元、18 张面值 5 元、10 张面值 1 元；日记账余额与总账相符。

（2）银行存款余额 29 650 000.00 元，与银行存款对账单核对，编制银行存款余额调节表核对相符；银行印鉴卡片 2 张、银行存款余额调节表 1 份。

（3）现金日记账 1 本、银行存款日记账 1 本。

（4）有价证券：购入半年期面额 100 元国债共计 500 张，购入日期为 2016 年 1 月 1

日，经核对无误。

（5）支票领用登记簿 1 册、收款收据领用登记簿 1 册。

（6）空白现金支票 10 张（X001 号－X010 号）；空白转账支票 20 张（Z001 号－Z010 号）。

（7）收款收据 10 份。

（8）银行对账单 2012 年 7 月份 1 本、2012 年 7 月份未达账项说明 1 份。

（9）财务处"现金收讫""现金付讫"印章各 1 枚。

（10）计算器 1 台、办公桌钥匙 1 把、保险柜钥匙 1 把、U8 软件使用资料 1 份。

（11）未了事项情况说明书一份。

2. 登记出纳日记账，结账盖章

（详细步骤略。）

实训任务二：进行出纳工作交接

一、实训目标

目标分解	目标描述
知识目标	了解出纳交接流程
	认识出纳交接常用表格
技能目标	学会进行出纳交接工作
素养目标	提高工作交接责任意识

二、任务导入

2016 年 4 月 7 日，移交人张明和接管人李华进行出纳交接。

三、知识准备

（一）准备移交清册及各种移交表单

出纳人员在移交工作时，需要准备清册和各种移交表单，对出纳工作内容进行翔实的记录和确认，为出纳工作的权责认定和持续性提供物理支撑。移交的清册和表单主要有：

（1）库存现金移交表。它是用于记录交接时点企业的库存现金的数量和价值，明确交接双方权责的书面表单，如表 3-1 所示。

表 3-1　库存现金移交表

币种：　　　　移交日期：　　　　年　　月　　日　　　　单位：元　　第　　页

币别	数量（张）	金额	接受金额	备注
100 元				
50 元				
20 元				
10 元				
5 元				
2 元				
1 元				
5 角				
2 角				
1 角				
合计				

单位负责人：　　　　移交人：　　　　监交人：　　　　接管人：

（2）银行存款移交表。它是用于记录交接时点企业银行存款的价值，明确交接双方权责的书面表单，如表 3-2 所示。

表 3-2　银行存款移交表

开户行：　　　　移交日期：　　　　年　　月　　日　　　　单位：元

开户银行	账户	币种	账面金额	实有金额	备注
合计					

单位负责人：　　　　移交人：　　　　监交人：　　　　接管人：

附件及说明：

（1）账面金额为银行存款日记账余额，实有金额为银行对账单金额；

（2）银行存款余额调节表（　　）份；

（3）银行印鉴卡片（　　）张。

（3）有价证券、贵重物品移交表。它是用于记录交接时点有价证券、贵重物品的数量和价值，明确交接双方权责的书面表单，如表 3-3 所示。

表3-3　有价证券、贵重物品移交表

移交日期：　　年　　月　　日　　　　　　　　　　　　　　　　　　　　　　单位：元

名称	购入日期	单位	数量	面值	到期日期	备注
单位负责人：		移交人：		监交人：		接管人：

（4）核算资料移交表。它是用于记录交接时点企业有关出纳核算资料的数量及其他情况，明确交接双方权责的书面表单，如表3-4所示。

表3-4　核算资料移交表

移交日期：　　年　　月　　日　　　　　　　　　　　　　　　　　　　　　　单位：元

名称	年度	数量	起止时间	备注
库存现金日记账				
银行存款日记账				
支票领用登记簿				
收款收据领用登记簿				
收款收据				
现金支票				
转账支票				
合计				
单位负责人：	移交人：	监交人：	接管人：	

（5）物品移交表。它是用于记录交接时点出纳办公用品的品名和数量等情况，明确交接双方权责的书面表单，如表3-5所示。

表3-5　物品移交表

移交日期：　　年　　月　　日　　　　　　　　　　　　　　　　　　　　　　单位：

移交物品	单位	数量
单位负责人：	移交人：	监交人：	接管人：

（6）出纳人员工作交接书，如图 3-1 所示。

出纳人员工作交接书

移交日期：　　　　年　月　日　　　　　　　　　　　　　　　　　　　　单位：元

移交前出纳员　　　　，因工作需要，财务处已决定将出纳工作移交给　　　　接管。现办理如下交接：

一、交接日期：

年　月　日

二、移交的现金、银行存款、有价证券：

三、移交的会计凭证、账簿、文件：

四、印鉴：

五、其他：

六、交接前后工作责任的划分：　　年　月　日前的出纳责任由　　负责；　　年　月　日
起出纳工作由　　负责。以上移交事项均经交接双方认定无误。

七、本移交书一式三份，双方各执一份，存档一份。

移交人：

接管人：

监交人：

年　月　日

图 3-1　出纳工作交接书

（二）开始进行交接

（1）现金、有价证券要根据出纳账和备查账簿余额进行点收。接交人发现不一致时，

移交人要负责查清。

（2）银行存款账户余额要与银行对账单核对，如不一致，接交人和接管人应一起到开户银行当场复核，并编制银行存款余额调节表。

（3）移交有关票据、票证及印章，同时由接交人更换预留在银行的印鉴章。

（4）移交人应核对账账、账实是否相符。

（5）出纳凭证、出纳账簿和其他会计核算资料必须完整无缺，如有短缺，由移交人查明原因，在"移交清册"中注明。

（6）移交人应将保险柜密码、钥匙、办公桌和办公室钥匙一一移交给接交人，接交完毕后，更换保险柜密码及有关锁具。

（7）接交人接交完毕，应在出纳账簿启用表上填写接收时间，并签名盖章。

（三）交接结束

交接结束，交接双方和监交人员要在"移交清册"上签名或盖章。

四、任务实施

（一）操作流程

序号	操作流程	角色	注意事项
1	确认出纳交接内容	出纳	
2	填写出纳交接表格	出纳	
3	填写出纳工作交接书	出纳	

（二）具体步骤

1. 出纳交接内容

（1）库存现金：2016年4月6日账面余额27 900.00元，实存相符，其中270张面值100元、12张面值50元、20张面值10元、18张面值5元、10张面值1元；日记账余额与总账相符。

（2）银行存款余额29 650 000.00元，与银行存款对账单核对，编制银行存款余额调节表核对相符；银行印鉴卡片2张、银行存款余额调节表1份。

（3）现金日记账1本、银行存款日记账1本。

（4）有价证券：购入半年期面额100元国债共计500张，购入日期为2016年1月1日，经核对无误。

（5）支票领用登记簿1册、收款收据领用登记簿1册。

（6）空白现金支票 10 张（X001 号—X010 号）；空白转账支票 20 张（Z001 号—Z010 号）。

（7）收款收据 10 份。

（8）财务处"现金收讫""现金付讫"印章各 1 枚。

（9）计算器 1 台、办公桌钥匙 1 把、保险柜钥匙 1 把、U8 软件使用资料 1 份。

（10）未了事项情况说明书 1 份。

2. 依据出纳交接的内容填写出纳交接表格

（1）填写库存现金移交表，如表 3-6 所示。

表 3-6　库存现金移交表

币种：人民币　　　　移交日期：2016 年　04 月　07 日　　　　单位：元　　　　第 1 页

币别	数量（张）	金额	接受金额	备注
100 元	270	270 000.00	270 000.00	
50 元	12	600.00	600.00	
20 元				
10 元	10	200.00	200.00	
5 元	18	90.00	90.00	
2 元				
1 元	10	10.00	10.00	
5 角				
2 角				
1 角				
合计	320	27 900.00	27 900.00	

单位负责人：李爱国　　　　移交人：张　明　　　　监交人：郝中华　　　　接管人：李　华

（2）填写银行存款移交表，如表 3-7 所示。

表 3-7　银行存款移交表

开户行：中国银行　　　　移交日期：2016 年 04 月 07 日　　　　单位：元

开户银行	账户	币种	账面金额	实有金额	备注
中国银行天津市人民路支行	中国银行天津市人民路支行	人民币	29 650 000.00	29 650 000.00	
合计					

单位负责人：李爱国　　　　移交人：张　明　　　　监交人：郝中华　　　　接管人：李　华

附件及说明：

（1）账面金额为银行存款日记账余额，实有金额为银行对账单金额；

（2）银行存款余额调节表（1）份；

（3）银行印鉴卡片（2）张。

（3）填写有价证券、贵重物品移交表，如表3-8所示。

表3-8　有价证券、贵重物品移交表

移交日期：2016 年 04 月 07 日　　　　　　　　　　　　　　　　　　单位：元

名称	购入日期	单位	数量	面值	到期日期	备注
记账式国债	2016 年 1 月 1 日		500	100	2016 年 6 月 30 日	

单位负责人：李爱国　　　移交人：张 明　　　监交人：郝中华　　　接管人：李 华

（4）填写核算资料移交表，如表3-9所示。

表3-9　核算资料移交表

移交日期：2016 年 04 月 07 日　　　　　　　　　　　　　　　　　　单位：元

名称	年度	数量	起止时间	备注
库存现金日记账	2016	1 本	略	
银行存款日记账	2016	1 本	略	
支票领用登记簿	2016	1 册	略	
收款收据领用登记簿	2016	1 册	略	
收款收据	2016	10 张	略	
现金支票	2016	10 张	略	
转账支票	2016	20 张	略	
合计	——	——		

单位负责人：李爱国　　　移交人：张 明　　　监交人：郝中华　　　接管人：李 华

（5）填写物品移交表，如表3-10所示。

表3-10　物品移交表

移交日期：2016 年 04 月 07 日　　　　　　　　　　　　　　　　　　单位：

移交物品	单位	数量
"现金收讫"章	枚	1
"现金付讫"章	枚	1
计算器	台	1
办公桌钥匙	把	1
保险柜钥匙	把	1
U8 软件使用资料	份	1

单位负责人：李爱国　　　移交人：张 明　　　监交人：郝中华　　　接管人：李 华

（6）填写日记账簿启用表（交接记录）（略）。

（7）填写出纳人员工作交接书，如图3-2所示。

出纳人员工作交接书

移交日期：2016 年 04 月 07 日
单位：元

移交前出纳员 **张明**，因工作需要，财务处已决定将出纳工作移交给 **李华** 接管。现办理如下交接：

一、交接日期：

2016 年 04 月 07 日

二、移交的现金、银行存款、有价证券：

（1）库存现金：2016 年 4 月 6 日账面余额 27 900.00 元，实存相符，其中 270 张面值 100 元、12 张面值 50 元、20 张面值 10 元、18 张面值 5 元、10 张面值 1 元；日记账余额与总账相符。

（2）银行存款余额 29 650 000.00 元，与银行存款对账单核对，编制"银行存款余额调节表"核对相符；银行印鉴卡片 2 张、银行存款余额调节表 1 份。

（3）有价证券：国债 50 000.00 元，经核对无误。

三、移交的会计凭证、账簿文件：

（4）现金日记账 1 本、银行存款日记账 1 本。

（5）空白现金支票 10 张（X001 号至 X010 号）；空白转账支票 20 张（Z001 号至 Z010 号）。

（6）收款收据 10 份。

四、印鉴：

（7）财务处"现金收讫""现金付讫"印章各 1 枚。

五、其他：

（8）支票领用登记簿 1 册；收款收据领用登记簿 1 册。

（9）计算器 1 台、办公桌钥匙 1 把、保险柜钥匙 1 把、U8 软件使用资料 1 份。

（10）未了事项情况说明书一份。

六、交接前后工作责任的划分： 2016 年 4 月 6 日 前的出纳责任由 **张明** 负责；2016 年 4 月 6 日起出纳工作由 **李华** 负责。以上移交事项均经交接双方认定无误。

七、本移交书一式三份，双方各执一份，存档一份。

移交人： 张 明
接管人： 李 华
监交人： 郝中华
2016 年 04 月 07 日

单位负责人：　　　　移交人：　　　　监交人：　　　　接管人：

图 3-2　签订出纳人员工作交接书

学习情境四：
出纳现金管理

实训任务一：认识现金

一、实训目标

目标分解	目标描述
知识目标	理解现金的含义
	了解现金管理规定制度
	理解库存现金限额的含义
技能目标	掌握库存现金限额的计算方法
	了解库存现金限额的申请流程
素养目标	养成良好的现金管理习惯
	遵守现金管理制度

二、任务导入

2016 年 12 月 31 日，出纳李华年结库存现金和银行存款账簿。2017 年 1 月 1 日启用新的账簿。按照规定，出纳李华需要向开户行申请 2017 年度的库存现金限额。如果你是李华，接下来应该如何操作？

三、知识准备

（一）现金的含义

现金是指可以随时用来购买所需物资、支付有关费用、偿还债务和存入银行的货币性资产。现金有广义和狭义之分。

狭义的现金指单位的库存现金，即存放在单位并由出纳人员保管作为零星业务开支之用的库存现款，包括人民币现金和各种外币现金。

广义上的现金就是会计上的现金，包括库存现金、银行存款和其他现金。出纳管理的现金及现金结算方式中的现金是狭义上的现金。

（二）国家现金管理的基本规定

1. 现金使用范围的规定

（1）职工工资、津贴。

（2）个人劳务报酬。

（3）根据国家制定的规定、条例，颁发给个人的科学技术、文化艺术、体育等方面的各种奖金。

（4）各种劳保、福利费用及国家规定的对个人的其他支出，如退休金、抚恤金、学生助学金、职工困难生活补助。

（5）收购单位向个人收购农副产品和其他物资的价款。

（6）出差人员必须随身携带的差旅费。

（7）结算起点（1 000 元）以下的零星支出。

（8）中国人民银行确定需要现金支付的其他支出。

除上述（5）（6）两项外，其他各项在支付给个人的款项中，支付现金每人不得超过1 000 元，超过限额的部分可根据提款人的要求，在指定的银行转存为储蓄存款或以支票、银行本票予以支付。企业与其他单位的经济往来除规定的范围可以使用现金外，应当通过开户银行进行转账结算。

2. 企事业单位库存现金限额的规定

（1）库存现金限额的含义

为了加强对现金的管理，既保证各单位现金的安全，又促使货币回笼，及时开支，国家规定由开户银行给各单位核定一个保留现金的最高额度，即库存现金限额。

（2）库存现金限额的核定管理

库存现金限额由开户银行和开户单位根据具体情况商定，凡在银行开户的单位，银行根据实际需要核定 3～5 天的日常零星开支数额作为该单位的库存现金限额。边远地区和交通不便地区的开户单位，其库存现金限额的核定天数可适当放宽在 5 天以上，但最多不得超过 15 天日常零星开支的需要量。

按照规定，库存现金限额每年核定一次。核定程序如下：

首先，由开户单位与开户银行协商核定库存现金限额。

其次，由开户单位填写"库存现金限额申请书"，基本格式如图 4-1 所示。

库存现金限额申请书

申请单位：　　　　　　　　　　　　　　　　　　单位：

开户银行：　　　　　　　　　　　　　　　　　　账号：

每日必须保留现金支出项目	保留现金理由	申请金额	批准金额	备注
合计				
申请单位	单位主管部门意见		银行审查意见	
盖章 年　月　日	盖章 年　月　日		盖章 年　月　日	

图 4-1　库存现金限额申请书

最后，开户单位将库存现金限额申请书报送单位主管部门，经主管部门签署意见后，再报开户银行审查批准。

3. 现金管理的"八不准"规定

按照《现金管理暂行条例》及其实施细则的规定，企业、事业单位和机关、团体、部队现金管理应遵守"八不准"。

（1）不准用不符合财务制度的凭证顶替库存现金。

（2）不准谎报用途套取现金。

（3）不准单位间相互借用现金，扰乱市场经济秩序。

（4）不准利用银行账户代其他单位和个人存入或支取资金，逃避国家金融监督。

（5）不准将单位收入的现金以个人储蓄名义存入银行。

（6）不准保留账外公款（即小金库）。

（7）不准发行变相货币；不准以任何内部票据代替人民币在社会上流通。

（8）未经批准坐支或者未按开户银行核定的坐支范围和限额坐支现金的。

开户单位如有违反现金管理"八不准"中的任何一种情况，开户银行有权按照《现金管理暂行条例》的规定，责令其停止违法活动，并根据情节轻重给予警告或罚款。

4. 其他规定

（1）各单位实行收支两条线，不准"坐支"现金。

（2）各单位的外地采购业务，如因采购地点不固定、交通不便、生产或市场急需、抢险救灾，以及其他特殊原因必须使用现金的，应由本单位财会部门负责人签字盖章，向开户银行申请审批，开户银行审查同意并开具有关证明后便可携带现金到外地采购。

（3）企业送存现金和提取现金，必须注明送存现金的来源和支取的用途。

（4）配备专职出纳人员管理现金，建立健全现金账目，逐日逐笔登记现金收付业务，做到日清月结，并不准保留账外公款，即私设"小金库"。

（三）现金的授权与批准制度

1. 设置专职出纳人员管理现金

每个单位应当委派专职出纳负责现金的收入、支出和保管，其他人未经授权一律不能经管现金，限制他人接近现金；如出纳确实因故需要暂时离开岗位，必须由总会计师或财务部负责人指派他人代管，但是必须办理交接手续。

负责经办现金的出纳人员除登记现金日记账和银行存款日记账外，不得兼管总分类账和明细分类账的登记工作。

2. 建立严格的现金授权批准制度

（1）明确审批人对现金业务的授权批准方式、权限、程序、责任和相关控制措施。审批人应当根据现金授权批准制度的规定，在授权范围内进行审批，不得超越审批权限。

（2）规定经办人办理现金业务的职责范围和工作要求。经办人应当在职责范围内，按照审批人的批准意见办理现金业务。对于审批人超越授权范围审批的现金业务，出纳人员有权拒绝办理，并及时向单位领导报告。

（3）制定科学合理的现金业务处理程序，严格按照"申请、审批、复核、支付"的程序办理现金的支付业务，并及时准确入账。

（4）建立严密的稽核制度。单位每一笔现金的收入或付出，都必须经过出纳人员认真审核，审查手续是否完备，数字是否正确，内容是否合理、合法。

（5）建立严格的手续制度，确保每项现金的收付都如实地填制或取得合理合法的原始凭证，审核无误后据此来编制记账凭证，最后按照审核无误的记账凭证登记会计账簿。

（6）建立严格的现金盘点核对制度，对现金定期或不定期进行盘点清查，做到账实相符；定期或不定期进行现金日记账与现金总账核对，做到账账相符。

（7）严格按照《现金管理暂行条例》及国家其他有关现金管理的具体规定开展现金的收、付、存工作。

（四）加强现金保管控制

（1）统一单位的现金库存保管，在单位财务部设置出纳室，由财务部出纳员直接保管库存现金，单位内部所有的下属单位、部门和个人一律不得存放现金。

（2）库存现金不准超过库存限额，超过库存限额的部分，出纳人员应在当日下班前送存银行；如因特殊原因滞留超过限额的现金在单位过夜的，必须经财务部负责人或单位领导批准，并确保现金的安全。

（3）库存现金必须当日核对清楚，保持账款相符，如发生长、短款问题必须及时向财务部负责人或单位领导汇报，查明原因并按"财产损溢处理办法"进行处理，不得擅自将长、短款相互抵补。

（4）为保证现金的安全，除工作时需要的小量备用金可以放在出纳员的抽屉内以外，其余部分应该放入出纳专用的保险柜内，不得随意存放。

（5）单位的库存现金不得以任何个人名义存入银行，应防止有关人员利用公款私存获取利息收入，也应防止有人利用公款私存形成小金库。

（6）单位保管现金的地方要有安全防范措施，门要安装保险锁，并应配备专门的保险柜保管现金，同时保管有价证券和票据。出纳人员下班时要检查窗户、保险柜，门锁好后，方能离开。

（7）单位应当定期和不定期地进行现金盘点，编制"库存现金盘点表"（见表4-1），确保现金账面余额与实际库存相符。若发现不符，应及时查明原因，做出处理。

表4-1　库存现金盘点表

库存现金盘点表

清查基准日：　年　月　日　　　清查日期：　年　月　日　　　单位：元

货币面额	张数	金额	项目	金额
100元			基准日现金账面余额	
50元			加：清查基准日至清查日的现金收入	
20元			减：清查基准日至清查日的现金支出	
10元			减：借款单	
2元				
1元			调整后现金余额	
5角			实点现金	
2角			长款	
1角			短款	
5分				
2分				
1分				
实点合计				

监盘人：　　　　　　　　　盘点人：

四、任务实施

（一）操作流程

序号	操作步骤	角色	注意事项
1	确定日常业务需现金支付的项目及金额	出纳	遵守《现金管理暂行条例》
2	与开户银行协商核定库存现金限额	出纳	
3	填写库存现金限额申请书	出纳	《库存现金限额申请书》
4	报送企业主管部门签署意见	出纳	
5	报送开户银行审查批准	出纳	

（二）具体步骤

（1）以 2016 年企业日常业务的现金需要为基础，预计 2017 年企业日常业务需要现金情况如下：

① 每年现金支出职工薪酬 2 700 000 元；

② 材料采购支出 792 000 元；

③ 日常办公、差旅等其他现金支出 108 000 元；

④ 库存现金限额保证天数 4 天。

（2）将上述现金使用情况与开户行协商，核定库存现金限额为：

① 职工薪酬需要现金＝（2 700 000÷360）×4＝30 000 元；

② 材料采购支出需要现金＝（792 000÷360）×4＝8 800 元；

③ 日常办公、差旅等其他现金支出＝（108 000÷360）×4＝1 200 元；

④ 合计 2017 年库存现金限额＝30 000＋8 800＋1 200＝40 000 元。

（3）填写库存现金限额申请书（见图 4-2）。

（4）报送主管部门签署意见（略）。

（5）报送开户银行审查批准（略）。

库存现金限额申请书

申请单位：天津市通达有限责任公司　　　　　　　　　　　　单位：元

开户银行：中国银行天津市人民路支行　　　　　　　　　　账号：48976326922

每日必须保留现金支出项目	保留现金理由	申请金额	批准金额	备注
职工薪酬		30 000.00		
材料采购		8 800.00		

每日必须保留现金支出项目	保留现金理由	申请金额	批准金额	备注
日常办公、差旅等		1 200.00		
合计		40 000.00		
申请单位 盖章 2017 年 1 月 1 日	单位主管部门意见 盖章 年　月　日	银行审查意见 盖章 年　月　日		

图 4-2　库存现金限额申请书

实训任务二：办理现金收入业务

一、实训目标

目标分解	目标描述
知识目标	理解现金收入的含义
	掌握办理现金收入的方法
技能目标	学会办理现金收入业务
素养目标	培养严谨的工作态度

二、任务导入

2017 年 1 月 5 日，营销部营销专员李磊退回差旅费 200 元。如果你是出纳李华，该怎么办理？

三、知识准备

（一）现金收入的含义

现金收入是各单位在其生产经营和非生产经营活动中取得现金的业务。其内容包括销售商品、提供劳务而取得现金的业务、提供非经营性服务而取得收入的业务、其他罚没收入，以及单位内部现金往来的收入项目等。出纳人员在办理现金收入业务时，主要依据的是发票、非经营性收据、内部收据、现金支票等原始凭证，以及收付款记账凭证。出纳应定期编制"出纳现金收支报表"（见表 4-2），反映本企业收入款项情况。

表 4-2　出纳现金收支报表

出纳现金收支报表

单位：元

日期	上日库存现金结余	本日提取备用金	收入				支出		本日库存现金结余	备注
			本日业务收入数		本日存入数		本日支出数			
			金额	附件张数	金额	附件张数	金额	附件张数		

签收：　　　　　　　　　　　　　　　　　　　　制表：

（二）现金收入处理原则

出纳人员在收款时应遵守以下原则：

（1）"一笔一清"原则

"一笔一清"即清点完一笔，再清点另一笔，不能把几笔业务发生的现金互相混淆，以免发生错误。因此，出纳人员办理现金收入业务时，应按业务发生的先后进行排序，依照次序逐笔办理，前一笔业务未完，后一笔业务绝不进行。另外，业务发生时或业务款项未办理妥当时，出纳人员不允许擅自离岗。如若离开岗位，谨记应将出纳保管的各种印鉴、重要单证和现金存入保险箱内，养成良好的职业习惯。

（2）"唱收"原则

"唱收"即收取款项时，出纳人员应现场当面说出所收金额，避免出现差错。

（3）"复点"制度

"复点"即收取款项后，出纳人员要坚持现金清点两遍以上，要将相关凭证和现金金额反复核对，在确认完全一致后，才能照收。

（三）现金收入处理程序

企业现金收入包括直接收款和从银行提取现金两种情况，二者在处理程序上略有差异。在此我们只介绍直接收款业务。银行提取现金业务将在实训任务五中介绍。直接收款业务的处理程序（见图 4-3）是：

（1）受理收款业务，审核现金来源是否合法合理，手续是否完备。

（2）审核相关原始凭证是否真实、完整，与收款金额是否一致。

（3）与付款人当面清点现金，妥善保管现金。

（4）出具收款收据，并加盖"现金收讫"章，保证收据金额与现金数目一致。

（5）将收款收据交制证会计填制收款凭证。

（6）依据收款凭证登记库存现金日记账。

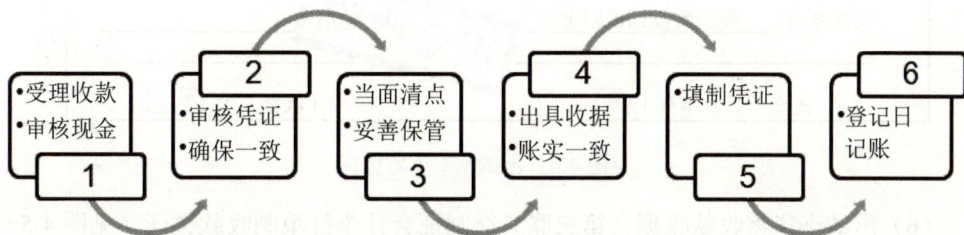

图 4-3　出纳直接收取现金流程图

出纳人员在办理现金收入业务时应注意两点：第一，复核现金收入的合法性、真实性和准确性；第二，如果销售发货票上印有"代记账凭证"字样，可据以登记现金日记账。

四、任务实施

（一）操作流程

序号	操作流程	角色	注意事项
1	受理收款业务	出纳	
2	审核相关原始凭证	出纳	
3	清点现金	出纳	
4	填制收款收据	出纳	
5	填制收款凭证	制证会计	
6	登记库存现金日记账簿	出纳	

（二）具体步骤

（1）营销专员出差回来后，持有关发票填写"差旅费报销单"（略），经批准后交出纳李华办理退款手续。

（2）出纳李华受理退款业务，审核退款手续是否完备。

（3）出纳李华审核发票、单据是否真实、完整，与退回金额是否一致。

（4）审核无误后，出纳李华接收营销专员退回现金 200 元，并当面清点，收付两清。

（5）依据相关发票、报销单据填制收款收据（一式三联），将第二联（见图 4-4）交付款人。

收 款 收 据

2017 年 1 月 5 日   NO.0000001

交款单位：　营销部营销专员李磊

人民币（大写）　×拾×万×仟贰佰零拾零元零角零分　（小写）¥ 200.00

交款事由：　差旅费报销退回余款

现金收讫

盖章（收款单位）　　　　　　　　　签字（收款人）　李华

第二联 交付款人

图 4-4　出纳填写原始凭证

（6）出纳李华将收款收据（第三联）交制证会计李红填制收款凭证（见图 4-5）。

收 款 凭 证

2017 年 1 月 5 日

总字第＿＿＿号
收字第　001　号

借方科目：　库存现金

摘 要	贷 方 科 目		金 额	记账（签章）
	总账科目	明细科目	千百十万千百十元角分	
差旅费	其他应收款	营销部	2 0 0 0 0	
合　　　计			¥ 2 0 0 0 0	

附单据 2 张

财务主管：郝中华　　　出纳：李 华　　　复核：郝中华　　　制单：李 红

图 4-5　制证会计填制记账凭证

（7）出纳李华依据审核无误的收款凭证，登记库存现金日记账（略）。

实训任务三：办理现金支付业务

一、实训目标

目标分解	目标描述
知识目标	理解现金支付的含义
	掌握办理现金支付的方法
技能目标	学会办理现金支付业务
素养目标	培养严谨的工作态度

二、任务导入

2017 年 1 月 6 日，企业管理部行政专员王云从超市购买办公用品 300 元，办理报销。如果你是出纳李华，该怎么办理报销业务？

三、知识准备

（一）现金支付的含义

现金支付是指出纳人员将现金支付给单位或个人的业务。其内容包括：

（1）职工工资、津贴。

（2）个人劳务报酬。

（3）根据国家制定的规定、条例，颁发给个人的科学技术、文化艺术、体育等方面的奖金。

（4）各种劳保、福利费用及国家规定的对个人的其他支出，如退休金、抚恤金、学生助学金、职工困难生活补助。

（5）收购单位向个人收购农副产品和其他物资的价款。

（6）出差人员必须随身携带的差旅费。

（7）结算起点（1 000 元）以下的零星支出。

（8）中国人民银行确定需要现金支付的其他支出。

出纳人员在办理现金支付业务时，其所依据的支付凭证包括报销单据、借款单、领款收据、工资表、外单位或个人的收款收据、发票等。出纳应定期编制出纳现金收支报表，反映本企业支出款项情况。

（二）现金支付处理原则

出纳人员在办理现金支付时，应遵循以下原则：

（1）现金支出的合法性。出纳人员必须以内容真实、准确、合法的付款凭证为依据，付款前的付款手续必须完备，有关领导已经签字或已审核无误。

（2）现金支出手续的完备性。出纳人员应按规定的程序审核并办理现金支付手续，做到支付凭证合法、审批手续齐全有效、支付事项当面结清、账务处理正确合理。

（3）不得套取现金用于支付。套取现金是指为了逃避开户银行对现金的管理，采用不正当的手段弄虚作假、支出现金的违法行为，其主要有以下几种形式：

① 编造合理用途（如以差旅费、备用金等名义）超限额支取现金的行为；

② 利用私人或其他单位的账户支取现金的行为；

③ 将公款转存个人储蓄的行为；

④ 用转账方式通过银行或邮局汇兑、异地支取现金；

⑤ 用转账凭证换取现金；

⑥ 虚报冒领工资、奖金和津贴补助。

（三）现金支付处理程序

出纳人员办理现金支出业务时，依据主要是发票、非经营性收据、往来收据，以及内部结算使用的工资表、借款审批单等。出纳人员应当按照原始凭证的审查要求，仔细复核，并按规定程序办理支出事宜。其具体程序（见图4-6）如下：

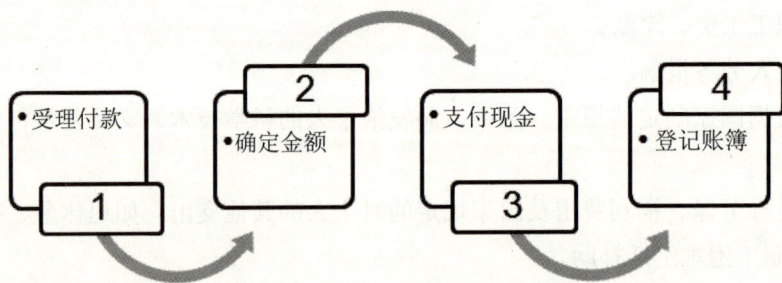

图 4-6　出纳办理现金支付流程图

（1）受理付款业务。出纳人员在取得付款依据后，应按规定进行审核。对于出纳人员直接经办的业务，如现金汇款等，还需要填制原始凭证并补齐手续。

（2）确定支付金额。出纳人员对于定期及不定期大额现金支出，都应当做到心中有数，提前准备好充足的现金用以支付；每天工作开始时，应检查现金余额，不足部分应及时从开户银行提取；对于确实不足以全额支付的业务，应约好时间一次性支付，不得分次支付，避免责任不清、程序错乱。

（3）根据审核无误的单据支付现金。根据审核无误的原始单据办理现金支付时，出纳人员应进行复点，并要求收款人当面点清，当面确认。如果是由收款人直接领取现金的，由本人签收；如果是他人代为领款的，在得到当事人的确认后，方可由代领人签收，并注明"×××代领款"字样，以明确双方责任。

（4）付款完毕后，在审核无误的原始凭证上加盖"现金付讫"印章，据以编制记账凭证。

（5）根据审核的记账凭证登记现金日记账。

四、任务实施

（一）操作流程

序号	操作步骤	角色	注意事项
1	受理付款业务	出纳	
2	审核相关原始凭证	出纳	
3	支付现金	出纳	
4	填制付款单证收据	出纳	
5	填制付款凭证	制证会计	
6	登记库存现金日记账簿	出纳	

（二）具体步骤

（1）行政专员王云持购货发票（略），填写支出证明单，办理报销审批手续。

（2）出纳李华复核"支出证明单"及所附购物发票。

（3）出纳李华清点现金，当面交付报销人。

（4）出纳李华在支出证明单（见图4-7）上盖"现金付讫"印章。

支出证明单   NO.0000001

2017 年 01 月 06 日

科　目	摘　要	金　额								
---	---	百	十	万	千	百	十	元	角	分
购买办公用品	购买水笔等						3	0	0	0	0
	现金付讫										
合　计	（大写）⊗佰⊗拾⊗万⊗仟 叁佰零拾零元零角零分	￥300.00								
收款人	王云	未能取得单据原因									

审核：郭文铭   出纳：李华   证明人：余乐   经手人：王云

图4-7　支出证明单

（5）出纳李华将支出证明单及所附发票交制证会计李红填制付款凭证，如图 4-8 所示。

付 款 凭 证

贷方科目：库存现金　　　　　　　2017 年 1 月 6 日　　　　　　总字第____号
　　　　　　　　　　　　　　　　　　　　　　　　　　　　　　付字第 001 号

摘 要	借 方 科 目		金 额	记账
	总账科目	明细科目	千百十万千百十元角分	（签章）
办公用品	管理费用	行政办公室	3 0 0 0 0	
合 　 计			¥3 0 0 0 0	

附单据2张

财务主管：郝中华　　　出纳：李 华　　　复核：郝中华　　　制单：李 红

图 4-8　制证会计填写记账凭证

（6）出纳员李华依据审核无误的付款凭证，登记库存现金日记账（略）。

实训任务四：办理现金送存业务

一、实训目标

目标分解	目标描述
知识目标	理解现金送存的含义
	掌握现金送存业务的办理方法
技能目标	学会办理现金送存业务
素养目标	培养严谨的工作态度

二、任务导入

2017 年 1 月 11 日，出纳李华将当日一笔销货款 60 100 元存入银行，其中包含 600 张 100 元、1 张 50 元、2 张 20 元、1 张 10 元。

三、知识准备

（一）现金送存的含义

根据《现金管理暂行条例》的规定，为保证现金的安全，企业应将销货收到的现金和超过库存现金限额的现金存入开户银行，即现金送存业务。

（二）现金送存的流程

现金送存的流程包括以下几点（见图4-9）：

1	2	3	4	5	6
整点货币	填写解款单	提交货币	银行受理	填制凭证	登记日记账

图4-9　现金送存流程图

（1）整点货币。纸币要平铺整齐，每百张为1把，每10把为1捆，以此类推，用纸条在腰中捆扎好，余为零头；硬币每百枚或50枚为1卷，10卷为1捆，不足1捆为零头；最后合计出需要存款的金额。

（2）填写现金存款凭证（解款单）。出纳人员在填写现金解款单时应注意：要用双面复写纸复写（或采用带有复写功能的票据单），交款日期必须填写交款的当日，收款人名称应填写全称，款项来源要如实填写，大小写金额书写应标准，券别和数额栏按实际送款时各种券面的张数或枚数填写。

（3）向银行提交存款凭证和整点好的票币。票币要一次性交清，当面清点；如有差异，应当面复核。

（4）开户银行受理后，在现金进账单上加盖"现金收讫"和银行印鉴后退回交款人一联，表示款项已收妥。

（5）根据银行退回盖有"现金收讫"和银行印鉴的现金进账单，填制付款凭证。

（6）根据付款凭证登记现金日记账。

四、任务实施

（一）操作流程

序号	操作流程	角色	注意事项
1	整理清点货币	出纳	
2	填写现金进账单	出纳	
3	向银行提交存款凭证和票币	出纳	
4	开户银行受理	开户银行	
5	填制付款凭证	制证会计	
6	登记库存现金和银行存款日记账	出纳	

（二）具体步骤

（1）出纳李华当日整理清点销货款 60 100 元：将其中 600 张 100 元按照每百张一把，每 10 把为 1 捆的整理要求，将其捆扎好，共计 6 把百元纸币。余头为 1 张 50 元、2 张 20 元、1 张 10 元。无硬币。

（2）出纳李华据实填写现金存款凭证（见图 4-10）。

（3）出纳李华将现金和现金进账单一并交开户银行（中国银行天津市人民路支行）收款。

（4）开户银行受理。清点货币和审核现金进账单。无误后，开户银行在现金进账单上加盖"现金收讫"章，表示款项收妥，并将现金进账单第一联退回交款人。

中国银行　　　　　**现金进账单**（回单或收账通知）　　　　　　①

2017 年 01 月 11 日　　　　　　　　　　　　第 3 号

收款人	全称	天津市通达有限责任公司						开户银行			中国银行天津市人民路支行				
	账号	48976326922						款项来源			销货款				
人民币（大写）		陆万零壹佰元整						十	万	千	百	十	元	角	分
								￥ 6	0	1	0	0	0	0	

票面	张数	万	千	百	十	元	角	分	票面	张数	百	十	元	角	分
壹佰元	600	6	0	0	0	0	0	0	伍角						
伍拾元	1			5	0	0	0	0	贰角						
贰拾元	2			4	0	0	0	0	壹角						
拾元	1			1	0	0	0	0	伍分						
伍元									贰分						
贰元									壹分						
壹元												收银人		复核人	

中国银行天津支行
2017 年 1 月 11 日

图 4-10　现金存款凭证样表

（5）出纳李华将现金进账单交制证会计李红填制付款凭证（见图4-11）。

付 款 凭 证

贷方科目：库存现金　　　　2017年　1月11日　　　总字第____号　付字第 004 号

| 摘 要 | 借 方 科 目 | | 金 额 | 记账 |
	总账科目	明细科目	千百十万千百十元角分	（签章）
现金送存银行	银行存款	中国银行	6 0 1 0 0 0 0	
合　　计			￥6 0 1 0 0 0 0	

附单据1张

财务主管：郝中华　　出纳：李华　　复核：郝中华　　制单：李红

图4-11　制证会计填制记账凭证

（6）出纳李华依据审核无误的付款凭证，登记库存现金日记账和银行存款日记账（略）。

实训任务五：办理现金提取业务

一、实训目标

目标分解	目标描述
知识目标	理解现金提取的含义
	掌握办理现金提取的方法
技能目标	学会办理现金提取业务
素养目标	培养严谨的工作态度

二、任务导入

2017年1月13日，出纳李华发现，单位库存现金低于库存现金限额，需提取备用金10 000元，以补齐不足部分。

三、知识准备

（一）现金提取的含义

根据《现金管理暂行条例》的规定，出纳人员依据单位业务经办人员提交的资金需求、库存现金实有数额低于单位库存现金限额的实际情况，经财务部门负责人审核同意后填写现金支票，携带现金支票到开户行提取库存现金，即现金提取业务。

（二）现金提取业务的流程

现金提取业务的流程如图 4-12 所示。

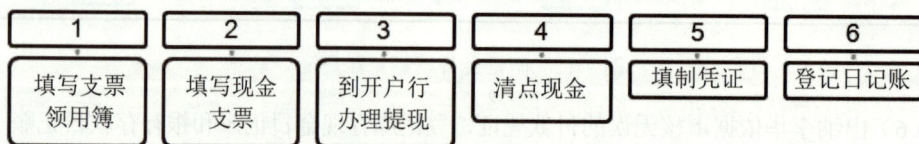

1	2	3	4	5	6
填写支票领用簿	填写现金支票	到开户行办理提现	清点现金	填制凭证	登记日记账

图 4-12　现金提取流程图

（1）领用现金支票：出纳填写"支票领用登记簿"（见图 4-13），交财务负责人审核签字。

支 票 领 用 登 记 簿

日期	支票类型	支票号码	用途	金额	领用人	核准人	销号

图 4-13　支票领用登记簿

（2）签发现金支票：出纳填写现金支票及存根，财务负责人在现金支票正联加盖公司财务专用章及法人印章，在支票正联背面加盖公司财务专用章。

（3）将现金支票正联送交开户银行，办理提现手续。

（4）开户行审核现金支票，无误后支付现金。

（5）出纳清点现金，无误后方可离开银行柜台。

（6）将支票存根联传给制证会计，填制付款凭证。

（7）依据付款凭证，登记现金日记账和银行存款日记账。

四、任务实施

（一）操作流程

序号	操作流程	角色	注意事项
1	填写"支票领用登记簿"	出纳李华	
2	填写现金支票	出纳李华	
3	送交开户银行，办理提现	出纳李华	
4	清点现金，提现离开	出纳李华	
5	填制付款凭证	制证会计李红	
6	登记现金日记账和银行存款日记账	出纳李华	

（二）具体步骤

（1）出纳李华根据单位库存现金低于库存现金限额的情况，计算出不足部分的数额，据此填写"支票领用登记簿"，申请领用现金支票。

（2）出纳李华填写"支票领用登记簿"（见图4-14）后，经财务主管郝中华审核同意后，领取现金支票。

支 票 领 用 登 记 簿

日期	支票类型	支票号码	用途	金额	领用人	核准人	销号
2017.01.13	现金支票	XIV00000200	备用金	10 000.00 元	李华	郝中华	

图 4-14 填写支票领用登记簿

（3）出纳李华填写现金支票及存根，财务主管郝中华在现金支票正联加盖公司财务专用章及法人印章，在支票正联背面加盖公司财务专用章（见图4-15和图4-16）。

图 4-15 填写现金支票正面（正联和存根联）

附加信息：	

（印章：天津市通达有限责任公司 财务专用章 ★）

（印章：国印李爱）

收款人签章

2017年01月11日

身份证件名称：		发证机关：	
号　码			

图 4-16　填写现金支票背面

（4）出纳李华将现金支票正联剪下，送交开户银行（中国银行天津市人民路支行），办理提现手续。

（5）出纳李华将现金支票存根传给制证会计李红填制付款凭证（见图 4-17）。

（6）出纳李华依据审核无误的付款凭证，登记库存现金日记账和银行存款日记账（略）。

付 款 凭 证

贷方科目：　银行存款　　　　　2017 年　01 月　13 日　　　　　总字第＿＿＿号
付字第＿005＿号

摘　要	借 方 科 目		金　额										记账
	总账科目	明细科目	千	百	十	万	千	百	十	元	角	分	（签章）
提取备用金	库存现金					1	0	0	0	0	0	0	
合　　　计					¥	1	0	0	0	0	0	0	

附单据 1 张

财务主管：郝中华　　　出纳：李华　　　复核：郝中华　　　制单：李红

图 4-17　填制记账凭证

实训任务六：办理现金清查业务

一、实训目标

目标分解	目标描述
知识目标	理解现金清查业务的含义
	掌握办理现金清查的方法
技能目标	学会办理现金清查业务
素养目标	培养严谨的工作态度

二、任务导入

2017 年 1 月 15 日，出纳员李华及时登账，结出当日库存现金日记账余额 39 000 元；清查小组成员秦文清点库存现金实有数为 38 850 元；将清点的库存现金与现金日记账余额核对，发现短款 150 元。如果你是出纳李华，应该怎么办？

三、知识准备

（一）现金清查的含义

现金清查是指为了确保现金的安全，出纳人员在每日和每月终了时根据日记账的合计数，结出库存现金余额，并通过对库存现金的实地盘点，对库存现金进行账实核对。

现金清查应当坚持日清月结制度。日清月结是指出纳人员办理现金业务时，必须做到按日清理，按月结账，这是出纳人员办理现金出纳工作的基本原则和要求，也是避免出现长款、短款的重要措施。按日清理的工作内容包括：

（1）清理各种现金收付款凭证，检查单证是否相符，即各种收付款凭证所填写的内容与所附原始凭证反映的内容是否一致；同时还要检查每张单证是否已经盖齐"收讫""付讫"的戳记。

（2）登记和清理日记账。将当日发生的所有现金收付业务全部登记入账，在此基础上，看看账证是否相符，即现金日记账所登记的内容、金额与收、付款凭证的内容、金额是否一致。清理完毕后，结出现金日记账的当日库存现金账面余额。

（3）现金盘点。出纳人员应按券别分别清点其数量，然后加总，即可得出当日现金的实存数。将盘存得出的实存数和账面余额进行核对，看两者是否相符。如发现有长款或短款，应进一步查明原因，及时进行处理。所谓长款，是指现金实存数大于账存数；所谓短款，是指现金实存数小于账面余额。如果经查明长款属于记账错误、丢失单据等，应及时更正错账或补办手续；如属少付他人则应查明退还原主，如果确实无法退还，可以经过一定审批手续作为单位的收益。对于短款，如查明属于记账错误应及时更正错账；如属于出纳人员工作疏忽或业务水平问题，一般应按规定由过失人赔偿。

（4）检查库存现金是否超过规定的现金限额。如实际库存现金超过规定库存限额，则出纳人员应将超过部分及时送存银行；如果实际库存现金低于库存限额，则应及时补提现金。

（二）现金清查方法

现金清查的主要方法是通过实地盘点库存现金的实存数，然后与现金日记账相核对，确定账存与实存是否相等。其步骤如下：

（1）在盘点前，出纳人员应先将现金收、付凭证全部登记入账，并结出余额。

（2）盘点前，出纳人员必须在场，现金由出纳人员经手盘点，清查人员从旁监督。盘点时，除查明账实是否相符外，还要查明有无违反现金管理规定，如有无以"白条"抵冲现金，现金库存是否超过核定的限额，有无坐支现金，等等。

（3）盘点结束应根据盘点结果编制"库存现金清查盘点报告表"，并由检查人员和出纳人员签名盖章，作为重要的原始凭证。

四、任务实施

（一）操作流程

序号	操作流程	角色	注意事项
1	填写《库存现金清查盘点报告表》	清查小组	
2	上报相关部门或责任人给出处理	清查小组	
3	填制收款/付款凭证	制证会计	
4	登记库存现金日记账	出纳	

（二）具体步骤

（1）清查小组成员秦文于 2017 年 1 月 15 日进行库存现金清点工作，清点结果为现有库存现金 38 850 元；出纳李华于 2017 年 1 月 15 日进行库存现金日记账登记，日记账余额为 39 000 元。账实核对，短款 150 元。

（2）清查小组成员秦文根据清查结果，填写"库存现金清查盘点报告表"，由出纳李华签字确认。

（3）清查小组将"库存现金清查盘点报告表"（见图4-18）上报单位负责人进行处理，将短款作为企业管理费用。

库 存 现 金 清 查 盘 点 报 告 表

2017 年 01 月 15 日

账面余额	实存金额	清查结果		说明
		盘盈	盘亏	
39 000.00	38 850.00		150.00	
单位负责人处理意见：	作管理费用报销处理　李爱国		备注：	

盘点人（签章）：　秦文　　　　　　　　　　　　出纳员（签章）：　李华

图 4-18　库存现金清查盘点报告表样例

（4）出纳李华将"库存现金清查盘点报告表"传给制证会计，填制付款凭证（见图4-19）。

付 款 凭 证

贷方科目：库存现金　　　　　　2017 年　01 月　15 日　　　　　总字第＿＿号
　　　　　　　　　　　　　　　　　　　　　　　　　　　　　　付字第 007 号

摘　要	借 方 科 目		金　额								记账（签章）
	总账科目	明细科目	千	百	十	万	千	百	十	元	角	分	
现金短款	管理费用	现金短款						1	5	0	0	0	
合　　计							¥	1	5	0	0	0	

附单据 1 张

财务主管：郝中华　　出纳：李 华　　复核：郝中华　　制单：李 红

图 4-19　记账凭证填制样例

（5）出纳李华依据审核无误的付款凭证，登记库存现金日记账（略）。

思考：如果出现长款，又该如何处理？

学习情境五：
办理银行业务

实训任务一：认识和管理银行结算账户

一、实训目标

目标分解	目标描述
知识目标	理解银行结算账户的含义
技能目标	学会开立、变更和撤销银行结算账户
素养目标	培养良好的银行账户管理习惯
	培养良好的人际交往能力

二、任务导入

2017年1月18日，因业务发展的需要，企业需要在北京开立临时存款账户。如果你是出纳李华，你认为该账户该怎么开立？

三、知识准备

（一）银行结算账户的含义及类型

1. 银行结算账户的含义

银行结算账户主要是指各单位在银行开立的办理资金收付的活期存款账户。它具有反映和监督国民经济各部门经济活动的作用。凡新办的企业或公司在取得工商行政管理部门颁发的法人营业执照后，可选择离办公场地近、办事效率高的银行申请开设自己的结算账户。对于非现金使用范围的开支，都要通过银行结算账户办理。

2. 银行结算账户的类型

银行结算账户按申请对象的不同可分为单位银行结算账户和个人银行结算账户。在此只讲单位银行结算账户。

单位银行结算账户按用途可划分为基本存款账户、一般存款账户、临时存款账户和专用存款账户四类。

（1）基本存款账户，是存款人办理日常转账结算和现金收付的账户。按规定，每个存款人只能在银行开立一个基本存款账户。存款人的工资、奖金等现金的支取只能通过本账户办理。开户许可证（见图 5-1）是由中国人民银行核发的一种开设基本账户的凭证。凡在中华人民共和国境内金融机构开立基本存款账户的单位，可凭此证办理其他金融往来业务。

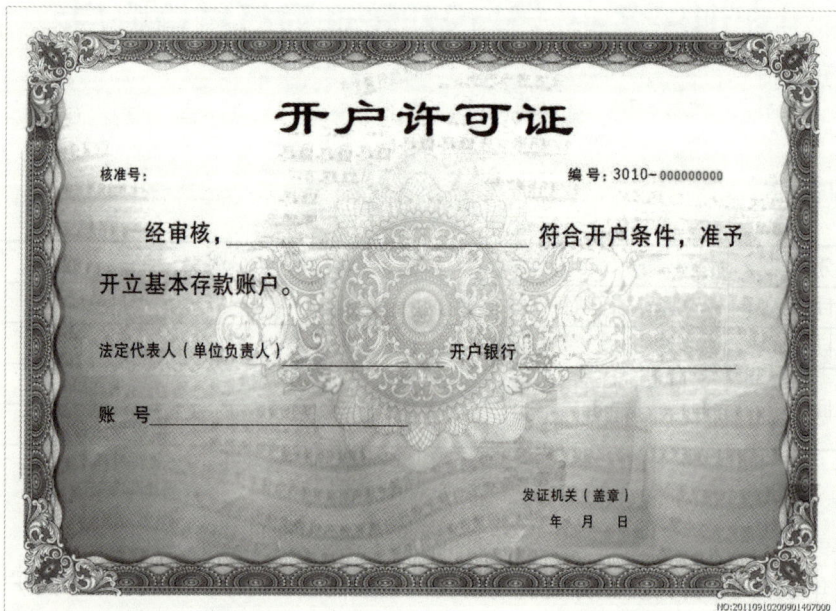

图 5-1　开户许可证

（2）一般存款账户，是存款人在基本存款账户以外的银行借款转存，与基本存款账户的存款人不在同一地点的附属非独立核算单位开立的账户。存款人可以通过本账户办理转账结算和现金缴存，但不能办理现金支取业务。

（3）临时存款账户，是指存款人因临时经营活动需要开立的账户。存款人可以通过该账户办理转账结算和根据国家现金管理规定办理现金收付。

（4）专用存款账户，是指存款人因特定用途而开立的账户。

（二）银行结算账户的开户条件及所需证明文件

1. 基本存款账户

（1）开设基本存款账户的当事人应具备的资格条件。

商行政管理部门发给的"营业执照"。

（6）外地单位常驻（派出）机构办理开户，应提交主管部门和驻地有关部门的审查批文。

（7）各单位的附属机构办理开户，应提交其管辖单位的审查证明。

表 5-1　单位开户申请表

单位开户申请表

申请开户单位	开户银行审核意见	审批账户机关意见	说明
单位全称：	同意开立账户种类：	开户许可证号码：	账户审批机关备案 持本表一式三份到人民银行办妥开户许可证后，三日内送交一份开户银行留存（超过三日账号作废），一份单位留存，一份
开户证明文件、日期			
证、照号码			
单位性质：	开户银行：		
经营范围（其他事项）：			
地址：			
电话号码：	账号：		
单位统一标识代码：			
申请单位公章： 法人 负责人　　盖章 　　年　月　日	开户银行公章： 　　年　月　日	审批机关盖章： 　　年　月　日	

3. 填制并提交印鉴卡片

开户单位在提交开户申请表和有关证明文件的同时，还应填写预留印鉴卡片（见图5-3）。印鉴卡片上的户名、地址、电话号码应与申请表上的一致；在卡片上要加盖开户单位公章、单位负责人或财务机构负责人及出纳人员印章。

4. 开户银行审查

开户银行根据有关规定对开户单位提交的开户申请书、有关证明、印鉴卡片、会计人员的"会计从业资格证书"等文件进行审查。经银行审查同意后，银行确定账号，登记开户。

5. 购买银行结算凭证

开户手续完成后，出纳人员可根据业务需要购买各种结算凭证，如支票、银行对账单、电汇单、手续费单据等。在购买时，开户单位在账户上的存款余额不得低于 1 000 元人民币。

银行印鉴卡

NO._____

账号		户 名	
地址		联系电话	
预留印鉴样式		使用说明	
		启用日期	年 月 日
		注销日期	年 月 日

账户专管员：　　　　　　　　　　　　　　　　　网点主任：

图 5-3　银行印鉴卡

（四）银行账户管理的基本原则和使用规定

1．基本原则

（1）一个基本账户原则。

（2）自愿选择原则。

（3）存款保密原则。

（4）足额支付原则。

2．账户使用规定

（1）认真贯彻执行国家的政策、法令，遵守银行信贷、结算和现金管理的有关规定。银行检查时，开户单位应提供账户使用情况的有关资料。

（2）各单位在银行开立的账户，只供本单位业务经营范围内的资金收付，不得出租、出借或转让给其他单位或个人使用。

（3）各种收付款凭证，必须如实填明款项来源或用途，不得巧立名目、弄虚作假、套取现金、套购物资，严禁利用账户从事非法活动。

（4）各单位在银行的账户必须有足够的资金保证支付，不准签发空头或远期的支付凭证，不得骗取银行信用开具虚假付款凭证。

（5）正确、及时记载和银行的往来账务，并定期核对。如发现不符，应及时与银行联系，查对清楚。

3. 违反账户使用规定的处罚

（1）若单位出租和转让账户，除依法责令其纠正外，还要按规定对该行为发生的金额处以 5%但不低于 1 000 元的罚款，并没收出租账户的非法所得。

（2）若单位违反了开立基本账户的规定，首先要被责令限期撤销该账户，其次还要被处以 5 000～10 000 元的罚款。

（五）账户变更与撤销的基本程序

1. 账户变更的基本程序

（1）账户名称的变更。开户单位由于种种原因需变更账户名称，应向银行交验上级主管部门批准的正式函件，企业单位和个体工商户需要向银行交验工商行政管理部门登记注册的新执照，经银行调查属实后，根据相关情况变更账户名称或撤销原账户并开立新账户。

（2）账户号码的变更。账户号码的变更大多是由开户银行自身的管理原因造成的，一般会给出新旧账户同时有效的过渡期，出纳人员在接到银行变更账号的通知后，应当及时将新号码通知有关客户，以避免不必要的麻烦。

（3）预留印鉴的更换。若开户单位由于人事变动等原因，需要更换单位财务专用章、财务主管印鉴或出纳人员印鉴的，只需填写"更换印鉴申请书"，出具有关证明，在银行审查同意后，重新填写印鉴卡片，并注销原预留的印鉴卡片。

（4）账户的迁移。开户单位的办公地点或经营场所发生搬迁时，应到银行办理迁移账户手续。如在同城，由迁出行出具证明，迁入行凭此开立新账户；如搬迁他城，应重新按规定办理开户手续。在搬迁过程中，可允许暂时保留原账户，但在搬迁结束，单位已在当地恢复生产经营时，原账户应在一个月内撤销。

2. 账户的合并与撤销

（1）单位申请合并或撤销账户，经同开户银行核对存（贷）款账户余额全部无误后，办理销户手续，同时交回各种空白重要凭证。销户后由于未交回空白重要凭证而产生的一切责任，由销户单位全部承担。

（2）各单位在银行的账户连续一年没有发生收、付款活动，银行以为无继续存在的必要时，即通知单位在一个月内向银行办理销户手续，逾期未办，视同自愿销户，余数未取者，银行在年终时作收益处理。

四、任务实施

（一）操作流程

序号	操作流程	角色	注意事项
1	填写开户申请书	略	
2	提交有关证明文件	略	
3	填制并提交印鉴卡	略	
4	开户银行审查	略	
5	购买银行结算凭证	略	

（二）具体步骤

（1）开户申请人根据业务发展需要，向单位申请，确定开立临时存款账户。

（2）开户申请人向开户银行提交开立临时存款账户需要的相关证明文件，主要包括：基本存款账户证明、企业法人营业执照、税务登记证、法人代表身份证、开户申请人身份证、会计从业资格证和依据《人民币银行结算账户管理办法》规定的相对应的文件等。

（3）开户申请人根据要求，填写临时存款账户"开户申请表""银行预留印鉴卡"和"银行结算账户管理协议"等。

（4）开户银行审核单位填写的"开户申请表"记载相关事项和提交的相关证明。

（5）符合开立临时存款账户事项，开户银行依据"人民币银行结算账户管理办法"的规定（临时存款账户属于核准类账户），将单位开具的开户申请书、相关的证明文件和银行审核意见等开户资料报送中国人民银行当地分支行进行核准。

（6）中国人民银行于2个工作日内对银行报送的临时存款账户的开户资料的合规性予以审核，符合开户条件的，予以核准，颁发临时存款账户许可证，同时返还相关证明材料。

实训任务二：办理银行支票业务

一、实训目标

目标分解	目标描述
知识目标	理解现金支票、转账支票的概念
	熟练掌握现金支票、转账支票的适用范围
	熟练掌握现金支票、转账支票的办理流程

目标分解	目标描述
技能目标	学会正确填写现金支票、转账支票
	学会应用现金支票、转账支票提取现金、转账
素养目标	培养良好的现金支票、转账支票的使用习惯
	培养良好的人际交往能力

二、任务导入

2017 年 1 月 22 日，出纳李华需办理以下几笔业务：

（1）经有关领导批准，销售科业务员李强领用转账支票一张，用于支付天津电视台广告费 10 000 元。

（2）企业销售 1 000 辆经济型童车给天津艾贝尔有限责任公司，收到对方转账支票一张，金额为 117 000 元。

如果你是出纳李华，该怎么办？

三、知识准备

（一）支票的概念及特点

1. 支票的概念

支票是指由出票人签发的，委托办理支票存款业务的银行在见票时无条件支付确定的金额给收款人或者持票人的票据。

支票上印有"现金"字样的为现金支票，现金支票只能用于支取现金。

支票上印有"转账"字样的为转账支票，转账支票只能用于转账。

支票上未印有"现金"或"转账"字样的为普通支票，普通支票既可以用于支取现金，也可以用于转账。在普通支票左上角划两条平行线的，为划线支票。划线支票只能用于转账，不得支取现金。

2. 支票的特点

支票结算具有简便、灵活、迅速和可靠的特点，是目前较为常用的一种同城结算方式。

简便，是指使用支票办理结算手续简便，付款人只要在银行有足够的存款，就可以签发支票给收款人，银行凭支票就可以办理款项的划拨或现金的支付。

灵活，是指按照规定，支票可以由付款人向收款人签发以直接办理结算，也可以由付款人出票委托银行主动付款给收款人。另外，转账支票在指定的城市中还可以背书转让。

迅速，是指使用支票办理结算，收款人将转账支票和进账单送交银行，一般当天或次日即可入账，而使用现金支票当时即可取得现金。

可靠，是指银行严禁签发空头支票（空头支票是指签发的支票金额超过银行存款余额的支票），各单位必须在银行存款余额内才能签发支票，因而收款人凭支票就能取得款项，一般不存在得不到正常支付的情况。

（二）支票及其相关凭证

1. 转账支票

转账支票一页两面：正面为存根联和正联，如图5-4所示；背面的内容和格式如图5-5所示。

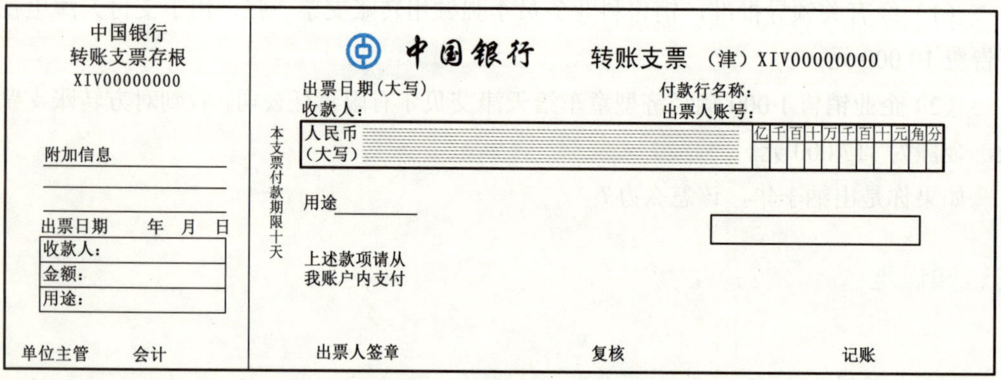

中国银行
转账支票存根
XIV00000000
附加信息
出票日期　年　月　日
收款人：
金额：
用途：
单位主管　会计

中国银行　转账支票　（津）XIV00000000
出票日期（大写）　付款行名称：
收款人：　出票人账号：
本支票付款期限十天
人民币（大写）　亿 千 百 十 万 千 百 十 元 角 分
用途
上述款项请从我账户内支付
出票人签章　复核　记账

图5-4　转账支票正面（正联和存根联）

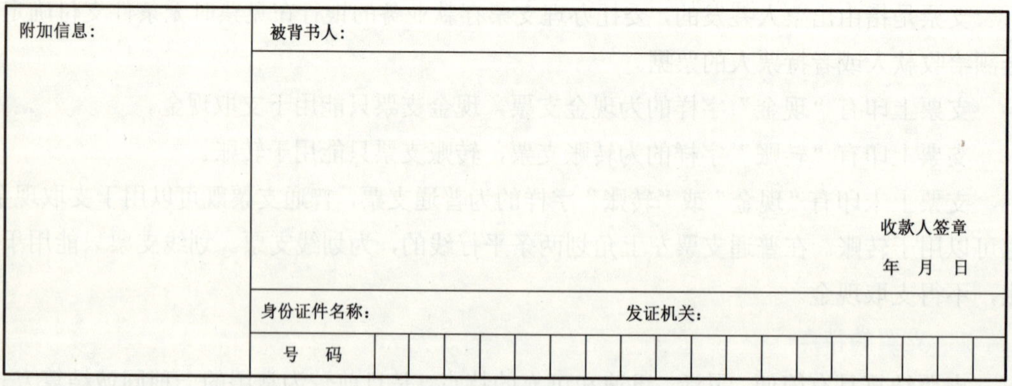

附加信息：
被背书人：
收款人签章
年　月　日
身份证件名称：　发证机关：
号　码

图5-5　转账支票背面

2. 现金支票

现金支票一页两面：正面为存根联和正联，内容和格式如图5-6所示；背面内容和格式如图5-7所示。

中国银行
现金支票存根
XIV00000000

附加信息

出票日期 年 月 日
收款人：
金额：
用途：

单位主管 会计

中国银行 现金支票 （津）XIV00000000

出票日期（大写） 付款行名称：
收款人： 出票人账号：

本支票付款期限十天

人民币（大写）	亿	千	百	十	万	千	百	十	元	角	分

用途

上述款项请从
我账户内支付

出票人签章 复核 记账

图 5-6 现金支票正面（正联和存根联）

附加信息：

收款人签章

年 月 日

身份证件名称： 发证机关：

号 码

图 5-7 现金支票背面

3. 普通支票

普通支票也为一页两面：正面为存根联和正联，内容和格式如图 5-8 所示；背面内容和格式与转账支票的背面相同。

中国工商银行 支票 $\frac{B\ G}{0\ 2}$28490241

出票日期(大写) 年 月 日 付款行名称：
收款人： 出票人帐号：20020209083000069003

本支票付款期限十天

人 民 币（大写）	亿	仟	百	十	万	千	百	十	元	角	分

用途

上列款项请从 科目(借)
我帐户内支付 对方科目(贷)
出票人签章 复核 记帐

图 5-8 普通支票正面（正联）

4. 进账单

出票人或持票人将支票送交银行时，必须同时开具一式三联的进账单（见图5-9）：

第一联回单，由银行盖章后交回出票人或持票人。

第二联贷方凭证，由银行收存。

第三联收账通知，由收款人银行盖章后交收款人。

中国银行　进账单（收账通知）　　3

年　月　日

收款人	全称		付款人	全称	
	账号			账号	
	开户银行			开户银行	

金额	人民币（大写）		千	百	十	万	千	百	十	元	角	分

票据种类		票据张数	
票据号码			

复核　　　　记账　　　　　　　　　　　收款人开户银行签章

图5-9　进账单

（三）支票结算的规定及程序

1. 支票结算的基本规定

（1）单位和个人在同一票据交换区域的各种款项结算均可以使用支票。

（2）签发支票必须记载下列事项（见图5-10）：

① 表明"支票"的字样；

② 无条件支付的委托；

③ 确定的金额；

④ 付款人名称；

⑤ 出票日期；

⑥ 出票人签章。

欠缺记载上述事项之一的，支票无效。支票的付款人为支票上记载的出票人开户银行。

（3）签发支票要用墨汁或碳素墨水（或使用支票打印机）认真填写；支票大小写、金额和收款人三处不得涂改，其他内容如有改动须由签发人加盖预留银行印鉴之一证明。

（4）签发现金支票和用于支取现金的普通支票，必须符合国家现金管理的规定。

（5）出票人不得签发与其预留银行签章不符的支票；使用支票密码的，出票人不得签发支付密码错误的支票；禁止签发空头支票，否则，银行予以退票，并按票面金额处以5%但不低于 1 000 元的罚款。持票人有权要求出票人支付支票金额 2% 的赔偿金。对屡次签发的，银行应停止其签发支票的权利。

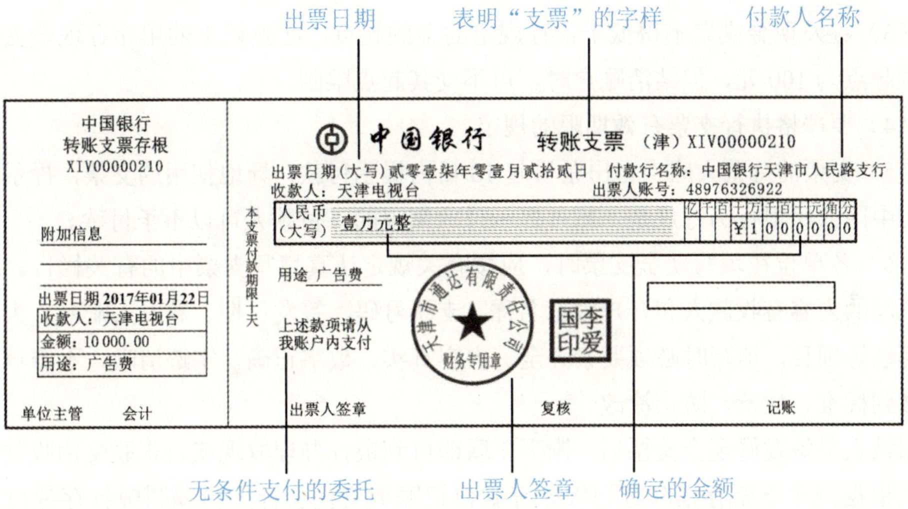

图 5-10　支票必须记载事项

（6）支票的提示付款期限自出票日起 10 日内有效（遇法定休假日顺延）。过期支票作废，银行不予受理。

（7）不准签发远期支票。远期支票是指签发当日以后日期的支票。因为签发远期支票容易造成空头支票，所以银行禁止签发远期支票。

（8）不准出租、出借支票。

（9）已签发的现金支票遗失，可以向银行申请挂失；挂失前已经支付的，银行不予受理。已签发的转账支票遗失，银行不受理挂失，但可以请收款单位协助防范。

2．支票结算的程序

支票结算的办理分为现金支票结算和转账支票结算。其中，转账支票的结算按照资金的流向，分为转账支票付款流程和转账支票收款流程。其具体操作详见本节"任务实施"，在此不予赘述。

（四）支票结算注意事项

1．现金支票

现金支票有两种，一种是支票上印有"现金"字样的现金支票；一种是用于支取现金的普通支票。各单位使用现金支票或普通支票（以下均称现金支票）时，必须按《现金管理暂行条例》中的现金使用范围及有关要求办理。

（1）签发现金支票必须写明收款单位名称或收款人姓名，并只准收款方或签发单位持票向银行提取现金或办理转账结算，不得将现金支票流通。

（2）签发现金支票首先必须查验银行存款是否有足够的余额，签发的支票金额必须在银行存款账户余额以内，不准超出银行存款账户余额签发空头支票。

（3）签发现金支票不得低于银行规定的金额起点，起点以下的用库存现金支付。支票金额起点为 100 元，但结清账户时，可不受其起点限制。

（4）要严格执行支票有效期限的规定。

（5）支票的持票人应当自出票日起 10 日内提示付款，异地使用的支票，提示付款的期限由中国人民银行另行规定。超过提示付款期限的，付款人可以不予付款。

（6）各单位在填写现金支票时，应按有关规定认真填写支票中的有关栏目。现金支票需填写的内容有收款人和开户银行名称、支票号码、签发日期、签发人账号、大小写金额、用途等项目，填写时必须要素齐全、内容真实、数字正确，字迹清晰，不潦草、不错漏，做到标准、规范，防止涂改。

出纳人员签发好现金支票后，撕下正联即可到银行办理取现或将正联交由收款人；出纳人员根据现金支票存根联登记银行存款日记账或交由会计人员编制银行存款付款凭证后登记银行存款日记账。

2. 转账支票

转账支票的签发及办理与现金支票基本相同。其不同之处是：

（1）经中国人民银行总行批准的地区，转账支票可以背书转让。

（2）转账支票的收账手续不同，收款单位在收到转账支票时，除审核有关项目外，需填制进账单，连同转账支票送交开户银行，并根据银行退回的加盖银行印章的进账单第一联（回单）编制收款凭证，出纳人员据以登记银行存款日记账。

四、任务实施

（一）操作流程

1. 签发转账支票，支付广告费

序号	操作流程	角色	注意事项
1	填写"支票领用登记簿"	业务员	
2	签发转账支票	出纳	
3	送交支票领用人	出纳	
4	填制付款凭证	制证会计	
5	登记银行存款日记账	出纳	

2. 收到客户支付的转账支票

序号	操作步骤	角色	注意事项
1	收取转账支票	出纳	
2	持转账支票提示付款	出纳	
3	办理转账	出纳	
4	填制收款凭证	制证会计	
5	登记银行存款日记账	出纳	

（二）具体步骤

1. 签发转账支票，支付广告费

（1）业务员李强根据电视台广告费支出预算情况，经有关领导同意，填写“支票领用登记簿”，申请领用转账支票。

（2）业务员李强填写“支票领用登记簿”（见图 5-11）后，财务主管郝中华审核同意。

支 票 领 用 登 记 簿

日期	支票类型	支票号码	用途	金额	领用人	核准人	销号
2017.01.22	转账支票	XIV00000210	广告费	10 000.00 元	李强	郝中华	

图 5-11　支票领用登记簿填写样例

（3）出纳李华填写转账支票及存根，印鉴管理人员在转账支票正联加盖公司财务专用章及法人印章，如图 5-12 所示。

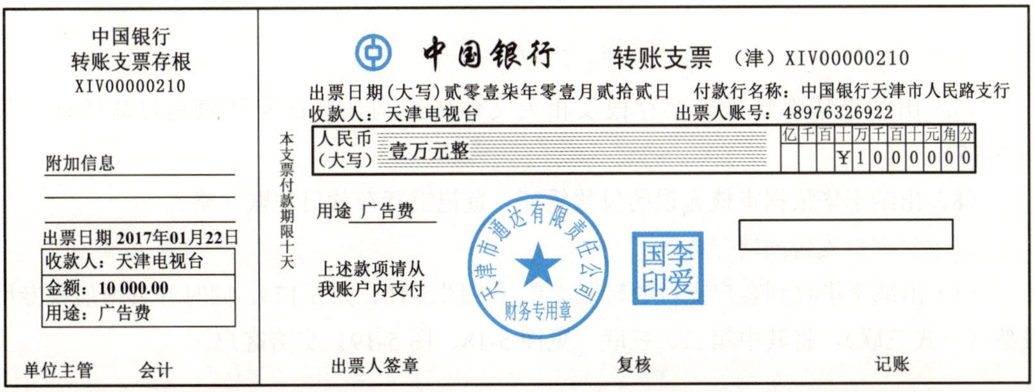
中国银行
转账支票存根
XIV00000210
附加信息
出票日期 2017年01月22日
收款人：天津电视台
金额：10 000.00
用途：广告费
单位主管　会计

中国银行　转账支票　（津）XIV00000210
出票日期（大写）贰零壹柒年零壹月贰拾贰日　付款行名称：中国银行天津市人民路支行
收款人：天津电视台　出票人账号：48976326922
人民币（大写）壹万元整　亿千百十万千百十元角分　¥1000000
本支票付款期限十天
用途　广告费
上述款项请从我账户内支付
天津市通达有限责任公司 财务专用章
李国爱印
出票人签章　复核　记账

图 5-12　填写转账支票正面（正联和存根联）

（4）出纳李华将转账支票正联剪下，送交业务员李强办理广告费支付手续。

（5）业务员李强办理广告费支付，收到天津电视台开具的"天津市非经营性结算统一收据"收款收据（见图5-13）。

天津市非经营性结算统一收据

收到：天津市通达有限责任公司　　　　2017 年 01 月 22 日

摘　　要	金　　额									
	千	百	十	万	千	百	十	元	角	分
电视广告费				¥	1	0	0	0	0	0	0
合计人民币（大写）壹万元整										
备注										

收款单位（财务专用章）　　　　会计：　　　　收款人：　　　　经手人

图 5-13　收款收据

（6）业务员李强依据收到的收款收据填写费用报销单（见图5-14），领导审核后，将这两种原始凭证交出纳人员李华。

费 用 报 销 单

报销日期：　2017 年 01 月 22 日　　　　　　　　　　　　　　附件 1 张

费用项目	类别	金额	负责人（签章）	李爱国
广告费	销售费用	10 000.00		
			审查意见	同意
报销金额合计		10 000.00	报销人	李强
核实金额（大写）：壹万元整				
借款数：10 000.00	应退数：0.00	应补金额：0.00		
审核：郝中华			出纳：李华	

图 5-14　费用报销单

（7）出纳李华将转账支票存根及相关文件传给制证会计李红填制付款凭证（见图5-15）。

（8）出纳李华依据审核无误的付款凭证，登记银行存款日记账（略）。

2. 收到客户支付的转账支票

（1）出纳李华收到客户支付的转账支票（见图5-16、图5-17），同时开具增值税专用发票（一式三联），将其中第二、三联（见图5-18、图5-19）交给客户。

付 款 凭 证

贷方科目：<u>银行存款</u>　　2017 年 1 月 22 日　　总字第____号
付字第 005 号

摘 要	借 方 科 目		金 额	记账
	总账科目	明细科目	千百十万千百十元角分	（签章）
广告费	销售费用	销售部门	1 0 0 0 0 0 0	
合　　　计			￥ 1 0 0 0 0 0 0	

附单据 2 张

财务主管：郝中华　　出纳：李华　　复核：郝中华　　制单：李红

图 5-15　填制付款凭证

图 5-16　收到转账支票正面

图 5-17　收到转账支票背面

天津市增值税专用发票

220061235823

抵扣联

NO：556623203

开票日期：2017 年 01 月 22 日

购货单位	名　　　称：天津市艾贝尔有限责任公司
	纳税人识别号：220485839456733
	地址、电话：天津市和平路58号 022-28963320
	开户银行及账号：中国银行天津市和平路支行　23376326756

| 密码区 | 加密版本（略） |

货物或应税劳务名称	规格型号	单位	数 量	单 价	金 额	税率	税 额
经济型童车		辆	1 000	100	100 000.00	17%	17 000.00
合　计					100 000.00		17 000.00
价税合计（大写）	⊗ 壹拾壹万柒仟元整				(小写)　￥117 000.00		

销货单位	名　　　称：天津市通达有限责任公司
	纳税人识别号：220485839746382
	地址、电话：天津市人民路158号 022-28965890
	开户银行及账号：中国银行天津市人民路支行　48976326922

| 备注 | 天津市通达有限责任公司 税号:220485839746382 发票专用章 |

第二联　购货方用来扣税

收款人：　　　　　复核：　　　　　开票人：　　　　　销货单位：(章)

图 5-18　增值税专用发票（1）

天津市增值税专用发票

220061235823

发票联

NO：556623203

开票日期：2017 年 01 月 22 日

购货单位	名　　　称：天津市艾贝尔有限责任公司
	纳税人识别号：220485839456733
	地址、电话：天津市和平路58号 022-28963320
	开户银行及账号：中国银行天津市和平路支行　23376326756

| 密码区 | 加密版本（略） |

货物或应税劳务名称	规格型号	单位	数 量	单 价	金 额	税率	税 额
经济型童车		辆	1 000	100	100 000.00	17%	17 000.00
合　计					100 000.00		17 000.00
价税合计（大写）	⊗ 壹拾壹万柒仟元整				(小写)　￥117 000.00		

销货单位	名　　　称：天津市通达有限责任公司
	纳税人识别号：220485839746382
	地址、电话：天津市人民路158号 022-28965890
	开户银行及账号：中国银行天津市人民路支行　48976326922

| 备注 | 天津市通达有限责任公司 税号:220485839746382 发票专用章 |

第三联　购货方用来记账

收款人：　　　　　复核：　　　　　开票人：　　　　　销货单位：(章)

图 5-19　增值税专用发票（2）

（2）出纳李华持转账支票到开户银行提示付款，在转账支票背面签章（见图5-20）。

附加信息：	被背书人：
	收款人签章
	2017 年 1 月 22 日
身份证件名称：	发证机关：
号　码	

图 5-20　转账支票提示付款（背面）

（3）出纳李华填写进账单（见图5-21）办理转账。

中国银行　进账单（收账通知）　　3

2017 年 01 月 22 日

收款人	全　称	天津市艾贝尔有限责任公司	付款人	全　称	天津市通达有限责任公司									
	账　号	23376326756		账　号	48976326922									
	开户银行	中国银行天津市和平路支行		开户银行	中国银行天津市人民路支行									
金额	人民币（大写）	壹拾壹万柒仟元整				千	百	十	万	千	百	十	元	角	分
							¥	1	1	7	0	0	0	0	0
票据种类	转账支票	票据张数	1											
票据号码	XIV00000100												
复核	记账			收款人开户银行签章										

图 5-21　填写进账单

（4）出纳李华将收到的银行进账单（收账通知联）和增值税专用发票（第一联），传给制证会计李红填制收款凭证（见图5-22）。

收 款 凭 证

总字第＿＿号
收字第 007 号

借方科目：银行存款

2017 年 01 月 22 日

摘 要	贷 方 科 目		金 额										记账（签章）
	总账科目	明细科目	千	百	十	万	千	百	十	元	角	分	
销售童车	主营业务收入	经济型童车		1	0	0	0	0	0	0	0	0	
	应交税费	应交增值税（销项税）			1	7	0	0	0	0	0	0	
合 计			￥	1	1	7	0	0	0	0	0	0	

附单据 2 张

财务主管：郝中华　　　出纳：李 华　　　复核：郝中华　　　制单：李 红

图 5-22　填写记账凭证

（5）出纳李华依据审核无误的收款凭证，登记银行存款日记账（略）。

实训任务三：办理银行本票业务

一、实训目标

目标分解	目标描述
知识目标	理解银行本票的概念
	熟练掌握银行本票的适用范围
	熟练掌握银行本票的办理流程
技能目标	学会正确填写银行本票申请书
	学会应用银行本票转账
素养目标	培养良好的银行本票使用习惯
	培养良好的人际交往能力

二、任务导入

2017 年 1 月 27 日，出纳李华需办理以下几笔业务：

（1）公司从天津市恒通橡胶有限责任公司（账号：38904896522，开户行：中国银行天津市红旗路支行）购进一批轮胎，货款 10 000 元，增值税 1 700 元，用银行本票支付。

（2）销售 1 000 辆舒适型童车给天津市小精灵有限责任公司（账号：23376326756，开户行：中国银行天津市河西支行），销售货款 200 000 元，增值税 34 000 元，对方以银行本票支付。

如果你是出纳李华，你该如何办理上述业务？

三、知识准备

（一）银行本票的概念及特点

1. 银行本票的概念

银行本票是申请人将款项交存银行，由银行签发的承诺自己在见票时无条件支付确定的金额给收款人或者持票人的票据。

银行本票按照金额是否预先固定分为不定额银行本票和定额银行本票。不定额银行本票由经办银行签发和兑付，定额银行本票由中国人民银行发行，各银行代办签发和兑付。如无特殊说明，本节中所讲银行本票均指不定额银行本票。

2. 银行本票的特点

（1）使用方便。我国现行的银行本票使用方便灵活。单位、个体经营户和个人不管是否在银行开户，其在同城范围内的所有商品交易、劳务供应及其他款项的结算都可以使用银行本票。收款单位和个人持银行本票既可以办理转账结算，也可以支取现金，还可以背书转让。银行本票见票即付，结算迅速。

（2）信誉度高，支付能力强。银行本票是由银行签发，并于指定到期日由签发银行无条件支付，因而信誉度很高，一般不存在无法正常支付的问题。

（二）银行本票式样

银行本票一式两联，第一联称为卡片联（见图 5-23），由出票行签发后留存，结清本票时作借方凭证；第二联称为本票联，分为正、背两面：正面如图 5-24 所示；背面如图 5-25 所示。

付款期限
贰 个 月

中国银行
本 票 1 津   B12347900

出票日期
（大写）   年 月 日

收款人：			申请人：		亿	千	百	十	万	千	百	十	元	角	分
凭票即付	人民币（大写）															
转账	现金				密押											
					行号											
备注：																
					出纳　　复核　　经办											

此联出票行留存

图 5-23　银行本票第一联（卡片联）

付款期限
贰 个 月

中国银行
本 票 2 津   B12347900

出票日期
（大写）   年 月 日

收款人：			申请人：		亿	千	百	十	万	千	百	十	元	角	分
凭票即付	人民币（大写）															
转账	现金				密押											
					行号											
备注：			出票行签章													
					出纳　　复核　　经办											

此联出票行结清本票时作借方凭证

图 5-24　银行本票第二联正面

被背书人	被背书人	
收款人签章 年 月 日	收款人签章 年 月 日	粘贴单处
持票人向银行 提示付款签单：	身份证件名称：　　　　发证机关： 号 码	

图 5-25　银行本票第二联背面

（三）银行本票结算规定与程序

（1）单位和个人在同一票据交换区域支付各种款项，均可以使用银行本票，即银行本票在指定城市的同城范围内使用。

（2）银行本票可以用于转账，注明"现金"字样的银行本票可以用于支取现金。申请人或收款人为单位的，银行不得为其签发现金银行本票。

（3）银行本票的提示付款期限自出票日起最长不超过 2 个月。逾期的银行本票，兑付银行不予受理，但可以在签发银行办理退款。

（4）银行本票一律记名，允许背书转让。

（5）银行本票见票即付，不予挂失。遗失的不定额银行本票在付款期满后一个月确未被冒领的，可以办理退款手续。

（6）签发银行本票必须记载下列事项（见图 5-26）：

① 表明"银行本票"的字样；

② 无条件支付的承诺；

③ 确定的金额；

④ 收款人名称；

⑤ 出票日期；

⑥ 出票人签章。

欠缺记载上述事项之一的，银行本票无效。

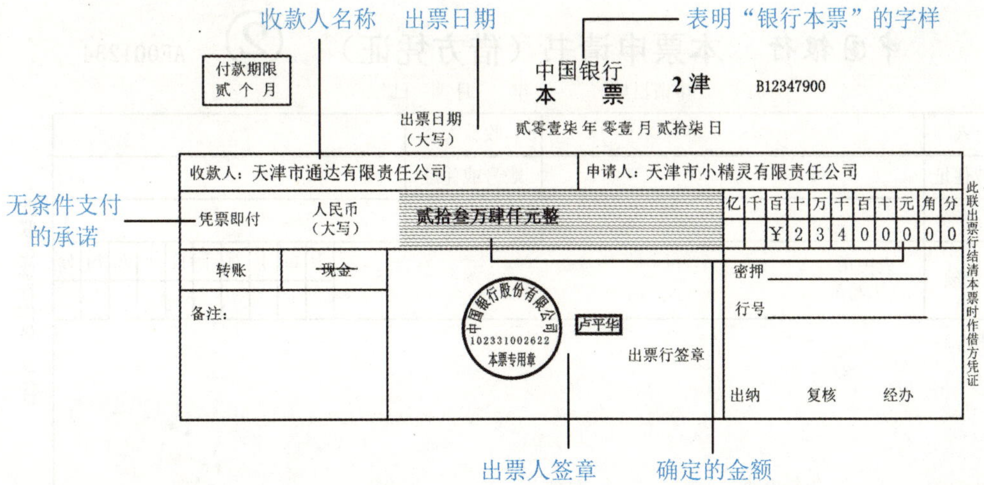

图 5-26　银行本票必须记载事项

（四）银行本票结算流程

1. 付款人办理银行本票

（1）申请签发本票。申请人使用银行本票，须向银行申请填写"银行本票申请书"（一式三联），如图 5-27、图 5-28、图 5-29 所示。

中国银行　　　本票申请书（存根）　①　AE001234

申请日期　　　年　月　日

申请人		收款人											
账号或住址		账号或住址											
用途		代理付款行											
本票金额	人民币（大写）				千	百	十	万	千	百	十	元	角	分
备注：													

此联申请人留存

银行出纳　　　　　复核　　　　　记账　　　　　验印

图 5-27　银行本票申请书第一联

中国银行　　本票申请书（借方凭证）　②　AE001234

申请日期　　　年　月　日

申请人		收款人											
账号或住址		账号或住址											
用途		代理付款行											
本票金额	人民币（大写）				千	百	十	万	千	百	十	元	角	分
备注：													

此联出票行作借方凭证

申请人签章　　　银行出纳　　　　复核　　　　记账　　　　验印

图 5-28　银行本票申请书第二联

中国银行　本票申请书（贷方凭证）③ AE001234

申请日期　　年　月　日

申请人		收款人											
账号或住址		账号或住址											
用途		代理付款行											
本票金额	人民币（大写）			千	百	十	万	千	百	十	元	角	分
备注：													

银行出纳　　　　复核　　　　记账　　　　验印

此联出票行作贷方凭证

图 5-29　银行本票申请书第三联

（2）签发银行本票。出票银行受理银行本票申请书，收妥款项后签发银行本票。签发银行本票必须记载事项。

2. 付款单位持银行本票购买货物

付款单位收到银行签发的银行本票后，即可持银行本票向其他单位购买货物，办理货款结算。付款单位可将银行本票直接交给收款单位，然后根据收款单位的发票账单等有关凭证编制转账凭证：

借：材料采购（或商品采购）

贷：其他货币资金——银行本票

如果实际购货金额大于银行本票金额，付款单位可以用支票或现金等补齐不足的款项，同时根据有关凭证按照不足款项编制银行存款或现金付款凭证：

借：物资采购

贷：银行存款（或现金）

如果实际购货金额小于银行本票金额，则由收款单位用支票或现金退回多余的款项，付款单位应根据有关凭证，按照退回的多余款项编制银行存款或现金收款凭证：

借：银行存款（或现金）

贷：其他货币资金——银行本票

3. 收款人收到银行本票

收款人收到付款人交来的银行本票后，首先应对银行本票进行认真的审查。审查的内容主要包括：

（1）银行本票上的收款人或被背书人是否为本单位，背书是否连续。

（2）银行本票上加盖的汇票专用章是否清晰。

（3）银行本票是否在付款期内（付款期限为2个月）。

（4）银行本票中的各项内容是否符合规定。

（5）银行本票是否有压数机压印的金额，本票金额大小写数额与压印数额是否相符。

审查无误后，受理付款人的银行本票，填写一式三联"进账单"，并在银行本票背面加盖单位预留银行印鉴，将银行本票连同进账单一并送交开户银行。开户银行接到收款单位交来的本票，按规定认真审查。审查无误后即办理兑付手续，在进账单第三联收款通知上加盖"转讫"章作收款通知退回收款单位。如果购货金额大于本票金额，付款单位用支票补足款项的，可将本票连同支票一并送存银行，也可分开办理。如果收款单位收受的是填写"现金"字样的银行本票，按规定同样应办理进账手续。如果收款人是个体经营户和个人，则可凭身份证办理现金支取手续。

收款单位出纳人员应根据银行退回的进账单第三联及有关原始凭证登记银行存款日记账，会计人员编制银行存款收款凭证：

借：银行存款

　　贷：主营业务收入

　　应交税费——应交增值税（销项税额）

4．银行本票的背书转让

银行本票的持有人转让本票，应在本票背面"背书"栏内背书，加盖本单位预留银行印鉴，注明背书日期，在"被背书人"栏内填写受票单位名称，之后将银行本票直接交给被背书人，同时向被背书人交验有关证件，以便被背书人查验。被背书人对收受的银行本票应认真进行审查，审查内容与收款人审查内容相同。按照规定，银行本票的背书必须连续，也就是说银行本票上的任意一个被背书人就是紧随其后的背书人，且连续不断。如果本票的签发人在本票的正面注有"不准转让"字样，则该本票不得背书转让；背书人也可以在背书时注明"不准转让"，以禁止本票背书转让后再转让。

5．银行本票的退款处理

银行本票见票即付，流动性极强，银行不予挂失。一旦遗失或被窃，被人冒领款项，后果由银行本票持有人自负。所以银行本票持有人必须像对待现金那样，认真、妥善保管银行本票，防止遗失或被窃。

按照规定，超过付款期限的银行本票如果同时具备下列两个条件，可以办理退款：

一是该银行本票由签发银行签发后未曾背书转让；

二是持票人为银行本票的收款单位。

付款单位办理退款手续时，应填制进账单，连同银行本票一并送交签发银行，签发银行审查同意后在进账单通知联上加盖"转讫"章退给付款单位作为收账通知。付款单位凭银行退回的进账单登记银行存款日记账，编制银行存款收款凭证：

借：银行存款

　　贷：其他货币资金——银行本票

如果遗失银行本票，且付款期满一个月确未冒领的，可以到银行办理退款手续。在办理退款手续时，应向签发银行出具盖有单位公章的遗失银行本票退款申请书，并连同填制好的进账单一并交银行办理退款，同时根据银行退回的进账单通知联登记银行存款日记账和编制银行存款收款凭证。

四、任务实施

（一）操作流程

1. 申请银行本票，支付货款

序号	操作步骤	角色	注意事项
1	申请签发银行本票	出纳	
2	签发银行本票	银行	
3	交付银行本票	出纳	
4	填制付款凭证	制证会计	
5	登记银行存款日记账	出纳	

2. 收到客户支付的银行本票

序号	操作步骤	角色	注意事项
1	收取银行本票	出纳	
2	持银行本票提示付款	出纳	
3	办理转账	出纳	
4	填制收款凭证	制证会计	
5	登记银行存款日记账	出纳	

（二）具体步骤

1. 申请银行本票，支付货款

（1）出纳李华根据业务要求，填写银行本票申请书。印鉴管理人员在银行本票申请书第二联加盖印鉴，如图 5-30 所示。

中国银行　本票申请书（借方凭证）　② AE001234

申请日期　2017 年 01 月 27 日

申请人	天津市通达有限责任公司	收款人	天津市恒通橡胶有限责任公司										
账号或住址	48976326922	账号或住址	38904896522										
用途	货款	代理付款行	中国银行天津市红旗路支行										
本票金额	人民币（大写）　壹万壹仟柒佰元整			千	百	十	万	千	百	十	元	角	分
							¥1	1	7	0	0	0	0
备注：													
申请人签章	银行出纳	复核	记账					验印					

此联出票行作借方凭证

图 5-30　填写银行本票申请书

（2）出纳李华将填写好的银行本票申请书（一式三联）传递给银行柜员，申请签发银行本票。

（3）银行柜员检查银行本票申请书，核实无误后，办理转账，据此签发银行本票。银行柜员将银行本票第二联（见图 5-31）和银行本票申请书第一联（存根）（见图 5-32）一并交给出纳李华。

中国银行　本票　2津　B12347900

付款期限　贰个月

出票日期（大写）　贰零壹柒 年 零壹 月 贰拾柒 日

收款人：天津市恒通橡胶有限责任公司	申请人：天津市通达有限责任公司										
凭票即付	人民币（大写）　壹万壹仟柒佰元整	亿	千	百	十	万	千	百	十	元	角	分
						¥1	1	7	0	0	0	0
转账	现金	密押_____										
备注：	出票行签章	行号_____										
		出纳　复核　经办										

此联出票行结清本票时作借方凭证

图 5-31　签发银行本票（第2联）

中国银行　　本票申请书（存根）①　AE001234

申请日期　2017 年 01 月 27 日

申请人	天津市通达有责任公司	收款人	天津市恒通橡胶有限责任公司
账号或住址	48976326922	账号或住址	38904896522
用途	货款	代理付款行	中国银行天津市红旗路支行

本票金额	人民币（大写）	壹万壹仟柒佰元整	千	百	十	万	千	百	十	元	角	分
						¥	1	1	7	0	0	0	0

备注：

银行出纳　　　　复核　　　　记账　　　　验印

此联申请人留存

图 5-32　签发银行本票存根联

（4）出纳李华将银行本票复印两份（一份交于会计做账，一份出纳自己留存），原件用于支付货款，同时将银行本票申请书（存根）交制证会计李红填制付款凭证（见图 5-33）。

付 款 凭 证

贷方科目：银行存款　　　　2017 年 01 月 27 日

总字第＿＿＿号
付字第 008 号

摘 要	借 方 科 目		金 额										记账（签章）
	总账科目	明细科目	千	百	十	万	千	百	十	元	角	分	
采购材料	其他货币资金	银行本票			1	1	7	0	0	0	0		
合　　计					¥	1	1	7	0	0	0	0	

附单据 1 张

财务主管　郝中华　　出纳　李 华　　复核　郝中华　　制单　李 红

图 5-33　填制记账凭证

（5）出纳李华依据审核无误的付款凭证，登记银行存款日记账（略）。

2. 收到客户支付的银行本票

（1）出纳李华收到客户支付的银行本票（见图 5-34），仔细审核银行本票：收款人是否为本单位，银行本票是否在提示付款期内，必须记载的事项是否齐全，出票人签章是否符合规定，出票金额、出票日期、收款人名称是否更改，更改的其他事项是否由原出票人签章证明，背书是否连续。

付款期限 贰 个 月		中国银行 本 票　　**2 津**　　B12347900		
	出票日期 （大写）	贰零壹柒 年 零壹 月 贰拾柒 日		

收款人：天津市通达有限责任公司	申请人：天津市小精灵有限责任公司

凭票即付	人民币 （大写）	**贰拾叁万肆仟元整**	亿 千 百 十 万 千 百 十 元 角 分 　　　¥ 2 3 4 0 0 0 0 0

转账	现金	密押 _____
备注：		行号 _____

（中国银行股份有限公司 102331002622 本票专用章）　卢平华

出票行签章

出纳　　复核　　经办

此联出票行结清本票时作借方凭证

图 5-34　收到银行本票

（2）出纳李华审核银行本票无误后，开具增值税专用发票（一式三联），将其中第二、三联（见图 5-35、图 5-36）交给客户。

天津市增值税专用发票

220061235823　　　　**抵扣联**　　　　NO：556623203

开票日期：2017 年 01 月 27 日

购货单位	名　　称：天津市小精灵有限责任公司 纳税人识别号：220485839456722 地址、电话：天津市河西路28号 022-28963222 开户银行及账号：中国银行天津市河西支行 23376326756	密码区	加密版本 （略）

货物或应税劳务名称	规格型号	单位	数量	单价	金　额	税率	税　额
舒适型童车		辆	1 000	200	200 000.00	17%	34 000.00
合　计					200 000.00		34 000.00

价税合计 （大写）	⊗ 贰拾叁万肆仟元整	（小写）¥234 000.00

销货单位	名　　称：天津市通达有限责任公司 纳税人识别号：220485839746382 地址、电话：天津市人民路158号 022-28965890 开户银行及账号：中国银行天津市人民路支行 48976326922	备注	（天津市通达有限责任公司 税号：220485839746382 发票专用章）

收款人：	复核：	开票人：	销货单位：（章）

第二联 购货方用来扣税

图 5-35　收到增值税抵扣联

	天津市增值税专用发票					NO：556623203		

220061235823

发票联

开票日期：2017 年 01 月 27 日

购货单位	名　　称：天津市小精灵有限责任公司 纳税人识别号：220485839456722 地　址、电话：天津市河西路28号 022-28963222 开户银行及账号：中国银行天津市河西支行 23376326756	密码区	加密版本 （略）

货物或应税劳务名称	规格型号	单位	数量	单价	金　额	税率	税　额
舒适型童车		辆	1 000	200	200 000.00	17%	34 000.00
合　计					200 000.00		34 000.00

价税合计 （大写）	⊗ 贰拾叁万肆仟元整	（小写）￥234 000.00

销货单位	名　　称：天津市通达有限责任公司 纳税人识别号：220485839746382 地　址、电话：天津市人民路158号 022-28965890 开户银行及账号：中国银行天津市人民路支行 48976326922	备注	

第三联　购货方用来记账

收款人：　　　　　复核：　　　　　开票人：　　　　　销货单位：（章）

图 5-36　收到增值税发票联

（3）出纳李华找印鉴管理人员在银行本票背面签章（见图 5-37），然后持银行本票到开户行提示付款。

被背书人	被背书人	粘贴单处
	收款人签章 　年　月　日	
持票人向银行 提示付款签单：	身份证件名称：　　　　发证机关： 号　码	

（以及右侧）收款人签章　年　月　日

图 5-37　银行本票签章

（4）开户行审核银行本票无误后，出纳李华填制进账单，将填写好的进账单（一式三联）（见图 5-38）连同银行本票同时交于开户行进行转账。

图 5-38　填写银行进账单

（5）出纳李华将进账单（收账通知联）和增值税专用发票（第一联），传给制证会计李红填制收款凭证（见图 5-39）。

图 5-39　填制记账凭证

（6）出纳李华依据审核无误的收款凭证，登记银行存款日记账（略）。

实训任务四：办理银行汇票业务

一、实训目标

目标分解	目标描述
知识目标	理解银行汇票的概念
	熟练掌握银行汇票的适用范围
	熟练掌握银行汇票的办理流程
技能目标	学会正确填写银行汇票申请书
	学会应用银行汇票转账
素养目标	培养良好的银行汇票的使用习惯
	培养良好的人际交往能力

二、任务导入

2017 年 2 月 3 日，出纳李华需办理了以下几笔业务：

（1）公司从长沙市富源钢管有限责任公司（账号：000242424335，开户行：中国银行长沙支行）购进一批钢管，货款 20 000 元，增值税 3 400 元，用银行汇票支付。

（2）销售 100 辆豪华型童车给广州市好贝贝童车有限责任公司（账号：00354424300，开户行：中国银行广州市中山路支行），销售货款 100 000 元，增值税 17 000 元，对方以银行汇票支付。

如果你是出纳李华，你该如何办理上述业务？

三、知识准备

（一）银行汇票的概念和特点

银行汇票是出票银行签发的，由其在见票时按照实际结算金额无条件支付给收款人或者持票人的票据。银行汇票主要有以下 5 个方面：

1. 适用范围广

银行汇票是目前异地结算中较为广泛采用的一种结算方式。这种结算方式不仅适用于在银行开户的单位、个体经营户和个人，而且适用于未在银行开立账户的个体经营户和个人。凡是各单位、个体经营户和个人需要在异地进行商品交易、劳务供应和其他经济活动及债权债务结算的，都可以使用银行汇票。此外，银行汇票既可以用于转账结算，也可以支取现金。

2. 票随人走，钱货两清

实行银行汇票结算，购货单位交款，银行开票，票随人走；购货单位购货给票，销售单位验票发货，一手交票，一手交货。银行见票付款，这样可以减少结算环节，缩短结算资金在途时间，方便购销活动。

3. 信用度高，安全可靠

银行汇票是银行在收到汇款人款项后签发的支付凭证，因而具有较高的信誉。由于银行保证支付，收款人持有票据就可以安全、及时地到银行支取款项。而且，银行内部有一套严密的处理程序和防范措施，只要汇款人和银行认真按照汇票结算的规定办理，汇款就能保证是安全的。一旦汇票丢失，如果确属现金汇票，汇款人可以向银行办理挂失，填明收款单位和个人，银行可以协助防止款项被他人冒领。

4. 使用灵活，适应性强

实行银行汇票结算，持票人可以将汇票背书转让给销货单位，也可以通过银行办理分次支取或转让，另外，还可以使用信汇、电汇或重新办理汇票转汇款项，因而有利于购货单位在市场上灵活地采购物资。

5. 结算准确，余款自动退回

一般来讲，购货单位很难准确确定具体购货金额，因而出现汇多用少的情况是不可避免的。有些情况下，多余款项往往长时间得不到清算，从而给购货单位带来不便和损失。使用银行汇票结算则不会出现这种情况，单位持银行汇票购货，凡在汇票的汇款金额之内的，都可根据实际采购金额办理支付，多余款项将由银行自动退回。这样，可以有效地防止交易尾欠的发生。

（二）银行汇票及相关凭证

1. 银行汇票申请书

银行汇票申请书一式三联。第一联为存根联，由汇款单位办妥银行汇票后据以编制记账凭证；第二联为借方凭证，是出票银行办理银行汇票从汇款单位的存款账户中付出款项的凭证；第三联为贷方凭证，是出票银行办理银行汇票汇出汇款的凭证。填写好后，在申请书第二联"申请人签章"处加盖汇款单位预留银行印鉴，即可持申请书向银行申请办理，并将款项缴存银行（汇款单位到本单位开户银行申请办理银行汇票时，汇票款由银行凭"银行汇票申请书"从汇款人存款账户中收取）。银行受理"银行汇票申请书"，在收妥款项后，据以签发银行汇票。银行汇票申请书格式如图5-40、图5-41和图5-42所示。

中国银行　　汇票申请书（存根）　①　AE001234

申请日期　　　年　月　日

申请人		收款人	
账号或住址		账号或住址	
用途		代理付款行	

汇票金额	人民币（大写）	千	百	十	万	千	百	十	元	角	分

备注：

银行出纳　　　　复核　　　　记账　　　　验印

此联申请人留存

图 5-40　银行汇票申请书第一联

中国银行　　汇票申请书（借方凭证）　②　AE001234

申请日期　　　年　月　日

申请人		收款人	
账号或住址		账号或住址	
用途		代理付款行	

汇票金额	人民币（大写）	千	百	十	万	千	百	十	元	角	分

备注：

申请人签章　　　银行出纳　　　　复核　　　　记账　　　　验印

此联出票行作借方凭证

图 5-41　银行汇票申请书第二联

中国银行　　汇票申请书（贷方凭证）　③　AE001234

申请日期　　　年　月　日

申请人		收款人	
账号或住址		账号或住址	
用途		代理付款行	

汇票金额	人民币（大写）	千	百	十	万	千	百	十	元	角	分

备注：

银行出纳　　　　复核　　　　记账　　　　验印

此联出票行作贷方凭证

图 5-42　银行汇票申请书第三联

2. 银行汇票的内容和格式

"银行汇票"一式四联：

第一联为卡片联，由签发行结清汇票时作汇出汇款付出传票；第二联为银行汇票，与第三联解讫通知书一并交由汇款人自带，在兑付行兑付汇票后，此联作银行往来账付出传票；第三联为解讫通知，在兑付行兑付后随报单寄签发行，由签发行做余款收入传票；第四联为多余款通知，在签发行结清多余款后交申请人。银行汇票的格式和内容如图 5-43、图 5-44、图 5-45 和图 5-46 所示。

图 5-43　银行汇票第一联

图 5-44　银行汇票第二联

中国银行

银行汇票（解讫通知）　　3

XI00578567
第　号

此联代理付款行付款后做随投单寄出票行，由出票行做余款贷方凭证

付款期限 壹个月		

出票日期：（大写）　　　　年　月　日

代理付款行：
行号：

收款人：　　　　　　　　　　账号：

出票金额：人民币（大写）

实际结算金额：人民币（大写）

千	百	十	万	千	百	十	元	角	分

申请人：＿＿＿＿＿＿＿＿＿＿　　账号或住址：＿＿＿＿＿＿＿＿＿＿
出票行：＿＿＿＿＿＿＿＿＿＿　　行号：＿＿＿＿＿＿＿＿＿＿
备注：＿＿＿＿＿＿＿＿＿＿

密押：

代理付款行盖章

多余金额

百	十	万	千	百	十	元	角	分

复核　　　记账

复核：　　　　　经办：

图 5-45　银行汇票第三联

中国银行

银行汇票（多余款项收账通知）　　4

XI00578567
第　号

此联出票行结清多余款后交申请人

付款期限 壹个月		

出票日期：（大写）　　　　年　月　日

代理付款行：
行号：

收款人：　　　　　　　　　　账号：

出票金额：人民币（大写）

实际结算金额：人民币（大写）

千	百	十	万	千	百	十	元	角	分

申请人：＿＿＿＿＿＿＿＿＿＿　　账号或住址：＿＿＿＿＿＿＿＿＿＿
出票行：＿＿＿＿＿＿＿＿＿＿
备注：＿＿＿＿＿＿＿＿＿＿
出票行盖章

密押：

左列退回多余金额已收入你账户内。

多余金额

百	十	万	千	百	十	元	角	分

复核　　　记账

复核：　　　　　经办：

图 5-46　银行汇票第四联

（三）银行汇票结算规定和程序

1. 银行汇票结算的当事人

（1）出票人。银行汇票结算的出票人是指签发汇票的银行。

（2）收款人。收款人是指从银行提取汇票所汇款项的单位和个人。收款人可以是汇款人本身，也可以是与汇款人有商品交易往来或汇款人要与之办理结算的人。

（3）付款人。付款人是指负责向收款人支付款项的银行。如果出票人和付款人属于同一家银行（如都是中国工商银行的分支机构），则出票人和付款人实际上为同一个人。如果出票人和付款人不属于同一家银行，而是两家不同银行的分支机构，则出票人和付款人为两个人。

2. 银行汇票结算的主要规定

（1）银行汇票的签发和解付，只能由中国人民银行和商业银行参加"全国联行往来"的银行机构办理。跨系统银行签发的转账银行汇票的解付，应通过同城票据交换将银行汇票和解讫通知提交同城的有关银行审核支付后抵用。省、自治区、直辖市内和跨省、市的经济区域内，按照有关规定办理。在不能签发银行汇票的银行开户的汇款人需要使用银行汇票时，应将款项转交附近能签发银行汇票的银行办理。

（2）银行汇票一律记名。记名是指在汇票中指定某一特定人为收款人，其他任何人都无权领款；但如果指定收款人以背书方式将领款权转让给其指定的收款人，其指定的收款人有领款权。

（3）银行汇票的提示付款期。付款期为银行汇票自出票起 1 个月内（按次月对日计算，无对日的，月末日为到期日，遇法定休假日顺延）。持票人超过付款期限提示付款的，代理付款人不予受理。

3. 银行汇票结算流程

（1）申请银行汇票。申请人向出票银行提交"银行汇票申请书"，填写内容包含申请日期、申请人名称、申请人账号、用途、收款人名称、收款人账号、汇票金额等，谨记在第二联上加盖单位预留印鉴。将一式三联银行申请书交签发银行。

（2）签发银行出票。出票银行收到银行汇票申请书，收妥款项后签发银行汇票，并用压数机压印出票金额，将银行汇票二联和三联一并交申请人。签发银行汇票必须记载下列事项（见图 5-47）：

① 表明"银行汇票"的字样；

② 无条件支付的承诺；

③ 确定的金额；

④ 付款人名称；

⑤ 收款人名称；

⑥ 出票日期；

⑦ 出票人签章。

欠缺记载上述事项之一的，银行汇票无效。

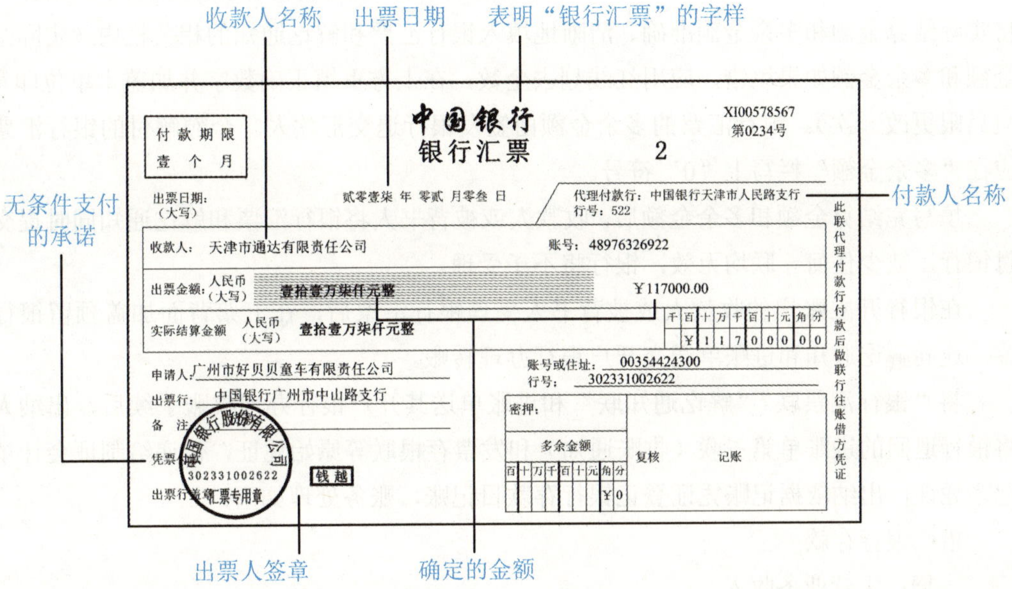

图 5-47　银行汇票必须记载事项

　　银行填写的汇票经复核无误后，在第二联上加盖汇票专用章并由授权的经办人签名或盖章，签章必须清晰；在"实际结算金额"栏的小写金额上端用总行统一制作的压数机压印出金额，然后连同第三联（解讫通知）一并交给申请人。

　　（3）出纳进行账务处理。出纳人员收到签发银行签发的"银行汇票联（第二联）""解讫通知联（第三联）"和银行盖章退回的"银行汇票申请书"第一联存根联传制证会计编制记账凭证，账务核算如下：

　　借：其他货币资金——银行汇票

　　　　贷：银行存款

出纳依据记账凭证登记银行存款日记账。

　　（4）申请人持银行汇票到异地办理结算，收款人受理收到的银行汇票。

4. 收款单位受理银行汇票

　　（1）审核银行汇票。收款人受理银行汇票后，须认真审核以下内容：

① 收款人或背书人是否确为本单位；

② 银行汇票是否在提示付款期内，日期、金额等填写是否正确无误；

③ 必须记载的事项是否齐全；

④ 印章是否清晰，是否符合规定，压数机压印的金额是否清晰；

⑤ 银行汇票和解讫通知是否齐全、相符；

⑥ 银行汇票和解讫通知联是否齐全，内容是否一致。

（2）办理结算。审查无误后，在汇款金额以内，根据实际需要的款项办理结算，并将实际结算金额和多余金额准确、清晰地填入银行汇票和解讫通知的相关栏内（实际结算金额和多余金额如果填错，应用红线划去全数，在上方重填正确数字并加盖本单位印章，但只限更改一次）。银行汇票的多余金额由签发银行退交汇款人。全额解付的银行汇票，应在"多余金额"栏写上"0"符号。

填写完结算金额和多余金额后，收款人或被背书人将银行汇票和解讫通知同时提交兑付银行，缺少任何一联均无效，银行将不予受理。

在银行开立账户的收款人或被背书人受理银行汇票后，在汇票背面加盖预留银行印鉴，连同解讫通知和进账单送交开户银行办理转账。

将"银行汇票联""解讫通知联"和进账单送其开户银行办理收账手续后，出纳人员将银行退回的进账单第三联（收账通知）和发票存根联等原始凭证，传递给制证会计填制记账凭证，出纳依据记账凭证登记银行存款日记账，账务处理如下：

借：银行存款

贷：主营业务收入

四、任务实施

（一）操作流程

1. 申请银行汇票，支付货款

序号	操作步骤	角色	注意事项
1	申请签发银行汇票	出纳	
2	签发银行汇票	银行	
3	交付银行汇票	出纳	
4	填制付款凭证	制证会计	
5	登记银行存款日记账	出纳	

2. 收到客户支付的银行汇票

序号	操作步骤	角色	注意事项
1	收取银行汇票	出纳	
2	持银行汇票提示付款	出纳	
3	办理转账	出纳	

续表

序号	操作步骤	角色	注意事项
4	填制收款凭证	制证会计	
5	登记银行存款日记账	出纳	

（二）具体步骤

1. 申请银行汇票，支付货款

（1）出纳李华根据业务要求，填写银行汇票申请书。印鉴管理人员在银行本票申请书第二联加盖印鉴（见图5-48）。

中国银行　汇票申请书（借方凭证） ② AE000234

申请日期　2017 年 02 月 03 日

申请人	天津市通达有限责任公司	收款人	长沙市富源钢管有限责任公司
账号或住址	48976326922	账号或住址	00024242335
用途	货款	代理付款行	中国银行长沙支行

本票金额	人民币（大写）	贰万叁仟肆佰元整	千	百	十	万	千	百	十	元	角	分
						¥	2	3	4	0	0	0	0

备注：

申请人签章	银行出纳	复核	记账	验印

此联出票行作借方凭证

图5-48　填写银行汇票申请书

（2）出纳李华将填写好的银行汇票申请书（一式三联）传递给银行柜员，申请签发银行汇票。

（3）银行柜员检查银行汇票申请书，核实无误后办理转账，据此签发银行汇票。银行柜员将银行汇票第二、三联（见图5-49、图5-50）和银行汇票申请书第一联（存根）（见图5-51）一并交给出纳李华。

中国银行
银行汇票

XI00578567
第0123号

2

付款期限
壹个月

出票日期：
（大写）　　　　　贰零壹柒 年 零贰 月零叁 日

代理付款行：中国银行长沙支行
行号：502

收款人：长沙市富源钢管有限责任公司　　　　　账号：000242424335

出票金额：人民币　　贰万叁仟肆佰元整　　　　　　　　￥23 400.00
（大写）

实际结算金额　人民币　　　　　　　　　　千 百 十 万 千 百 十 元 角 分
（大写）

申请人：　天津市通达有限责任公司　　　　　　账号或住址：　48976326922
出票行：　中国银行天津市人民路支行　　　　　　行号：　102331002622

备　注：货款

密押：

凭票付款

多余金额

出票行盖章　王凯

百 十 万 千 百 十 元 角 分　复核　记账

此联代理付款行付款后做联行往账借方凭证

图 5-49　银行汇票第二联

中国银行
银行汇票（解讫通知）

XI00578567
第0123号

3

付款期限
壹个月

出票日期：
（大写）　　　　　贰零壹柒 年 零贰 月零叁 日

代理付款行：中国银行长沙支行
行号：502

收款人：长沙市富源钢管有限责任公司　　　　　账号：000242424335

出票金额：人民币　　贰万叁仟肆佰元整　　　　　　　　￥23 400.00
（大写）

实际结算金额　人民币　　　　　　　　　　千 百 十 万 千 百 十 元 角 分
（大写）

申请人：　天津市通达有限责任公司　　　　　　账号或住址：　48976326922
出票行：　中国银行天津市人民路支行　　　　　　行号：　102331002622

备　注：货款

密押：

代理付款行盖章

多余金额

复核：　　　　　经办：

百 十 万 千 百 十 元 角 分　复核　记账

此联代理付款行付款后做随投单寄出票行，由出票行做余款贷方凭证

图 5-50　银行汇票第三联

中国银行　　汇票申请书（存根）①　AE001234

申请日期　2017 年 02 月 03 日

申请人	天津市通达有限责任公司	收款人	长沙市富源钢管有限责任公司
账号或住址	48976326922	账号或住址	000242424335
用途	货款	代理付款行	中国银行长沙支行

本票金额	人民币（大写）	贰万叁仟肆佰元整	千	百	十	万	千	百	十	元	角	分
					￥	2	3	4	0	0	0	0

备注：

银行出纳　　　复核　　　记账　　　验印

此联申请人留存

图 5-51　银行汇票申请书第一联（存根）

（4）出纳李华将银行汇票第二联（正联）复印两份（一份交于会计做账，一份出纳自己留存），原件用于支付货款，同时将银行汇票申请书（存根）交制证会计李红填制付款凭证（见图 5-52）。

付 款 凭 证

贷方科目：银行存款　　2017 年 02 月 03 日　　总字第＿＿号　付字第 005 号

摘要	借方科目		金额	记账（签章）
	总账科目	明细科目	千百十万千百十元角分	
采购材料	其他货币资金	银行汇票	2 3 4 0 0 0 0	
	应交税费	应交增值税（进项税）		
	合　计		￥2 3 4 0 0 0 0	

财务主管：郝中华　　出纳：李 华　　复核：郝中华　　制单：李 红

附单据 1 张

图 5-52　填制记账凭证

（5）出纳李华依据审核无误的付款凭证，登记银行存款日记账（略）。

2. 收到客户支付的银行汇票

（1）出纳李华收到客户支付的银行汇票后，仔细审核银行汇票：收款人是否为本单位，银行汇票是否在提示付款期内，必须记载的事项是否齐全，出票人签章是否符合规定，出票金额、出票日期、收款人名称是否更改，更改的其他事项是否由原出票人签章证明，背书是否连续等。

（2）出纳李华审核银行汇票无误后，填写实际结算金额，由于出票金额与实际结算金额相等，故在多余金额栏处填写"0"字。填写结果见银行汇票第二、三联所示（见图5-53、图5-54）。

图 5-53　银行汇票第二联

图 5-54　银行汇票第三联

（3）出纳李华开具增值税专用发票（一式三联），将其中第二、三联（见图5-55、图

5-56）交给客户。

<table>
<tr><td colspan="2">220061235823</td><td colspan="5" style="text-align:center">天津市增值税专用发票</td><td colspan="2">NO：556623207</td></tr>
<tr><td colspan="7" style="text-align:center">抵扣联</td><td colspan="2">开票日期：2017 年 02 月 03 日</td></tr>
</table>

购货单位	名　　称：广州市好贝贝童车有限责任公司					密码区	加密版本 （略）	
	纳税人识别号：450485839453212							
	地址、电话：广州市中山路34号 020-34278965							
	开户银行及账号：中国银行广州市中山路支行　00354424300							
货物或应税劳务名称	规格型号	单位	数量	单价	金　额	税率	税　额
豪华型童车		辆	100	1 000	100 000.00	17%	17 000.00
合　计					100 000.00		17 000.00
价税合计 （大写）	⊗壹拾壹万柒仟元整					(小写) ￥117 000.00	
销货单位	名　　称：天津市通达有限责任公司				备注		
	纳税人识别号：220485839746382						
	地址、电话：天津市人民路158号 022-28965890						
	开户银行及账号：中国银行天津市人民路支行　48976326922						
收款人：		复核：		开票人：		销货单位：（章）	

第二联　购货方用来扣税

图 5-55　增值税专用发票抵扣联

<table>
<tr><td colspan="2">220061235823</td><td colspan="5" style="text-align:center">天津市增值税专用发票</td><td colspan="2">NO：556623207</td></tr>
<tr><td colspan="7" style="text-align:center">发票联</td><td colspan="2">开票日期：2017 年 02 月 03 日</td></tr>
</table>

购货单位	名　　称：广州市好贝贝童车有限责任公司					密码区	加密版本 （略）	
	纳税人识别号：450485839453212							
	地址、电话：广州市中山路34号 020-34278965							
	开户银行及账号：中国银行广州市中山路支行　00354424300							
货物或应税劳务名称	规格型号	单位	数量	单价	金　额	税率	税　额
豪华型童车		辆	100	1 000	100 000.00	17%	17 000.00
合　计					100 000.00		17 000.00
价税合计 （大写）	⊗壹拾壹万柒仟元整					(小写) ￥117 000.00	
销货单位	名　　称：天津市通达有限责任公司				备注		
	纳税人识别号：220485839746382						
	地址、电话：天津市人民路158号 022-28965890						
	开户银行及账号：中国银行天津市人民路支行　48976326922						
收款人：		复核：		开票人：		销货单位：（章）	

第三联　购货方用来记账

图 5-56　增值税专用发票发票联

（4）出纳李华找印鉴管理人员在银行汇票背面签章（见图 5-57），然后持银行汇票到开户行提示付款。

被背书人		被背书人		粘贴单处
	收款人签章 年 月 日		收款人签章 年 月 日	
持票人向银行 提示付款签单：	身份证件名称：		发证机关：	
	号 码			

图 5-57 银行汇票背面提示付款，签章

（5）开户行审核银行汇票无误后，出纳李华填制进账单，将填写好的进账单（一式三联）（见图 5-58）连同银行汇票同时交于开户行进行转账。

中国银行 进 账 单（收账通知） 3

2017 年 01 月 27 日

收款人	全 称	广州市好贝贝童车有限责任公司	付款人	全 称	天津市通达有限责任公司										
	账 号	00354424300		账 号	48976326922									
	开户银行	中国银行广州市中山路支行		开户银行	中国银行天津市人民路支行									
金额	人民币 （大写）	壹拾壹万柒仟元整				千	百	十	万	千	百	十	元	角	分
							¥	1	1	7	0	0	0	0	0
票据种类	银行汇票	票据张数	1											
票据号码														
复核		记账			收款人开户									

图 5-58 填写银行进账单

（6）出纳李华将进账单（收账通知）联和增值税专用发票（第一联），传给制证会计李红填制收款凭证（见图 5-59）。

收 款 凭 证

2017 年 02 月 03 日

借方科目：银行存款

总字第＿＿＿号
收字第 007 号

摘 要	贷 方 科 目		金 额											记账
	总账科目	明细科目	千	百	十	万	千	百	十	元	角	分		（签章）
销售童车	主营业务收入	豪华型童车		1	0	0	0	0	0	0	0	0	
	应交税费	应交增值税（销项税）			1	7	0	0	0	0	0	0	
合　　　计			￥	1	1	7	0	0	0	0	0	0	

附单据 2 张

财务主管：郝中华　　出纳：李华　　复核：郝中华　　制单：李红

图 5-59　填制记账凭证

（7）出纳李华依据审核无误的收款凭证，登记银行存款日记账（略）。

实训任务五：办理商业汇票业务

一、实训目标

目标分解	目标描述
知识目标	理解银行承兑汇票、商业承兑汇票的概念
	熟练掌握银行承兑汇票、商业承兑汇票的适用范围
	熟练掌握银行承兑汇票的办理流程
技能目标	学会正确填写银行承兑汇票、商业承兑汇票
	学会应用银行承兑汇票进行交易及转账
素养目标	培养良好的商业汇票的使用习惯
	培养良好的人际交往能力

二、任务导入

2017 年 2 月 10 日，出纳李华需办理以下几笔业务：

（1）公司从天津市圆通工贸有限责任公司（账号：47890396522，开户行：中国银行天津市仁爱路支行）购进一批童车包装套件，货款 20 000 元，增值税 3 400 元。双方签订购销合同，注明使用银行承兑汇票进行结算。

（2）公司销售 100 辆舒适型童车给天津市宝乐童车有限责任公司（账号：47890346756，开户行：中国银行天津市马场道支行），销售货款 10 000 元，增值税 1 700 元。双方签订购销合同，注明使用银行承兑汇票进行结算。

如果你是出纳李华，你该如何办理上述业务？

三、知识准备

（一）商业汇票的概念和特点

1. 商业汇票的概念

商业汇票是指由收款人或存款人（或承兑申请人）签发，由承兑人承兑，并于到期日向收款人或被背书人无条件支付款项的一种票据。承兑是指汇票的付款人承诺在汇票到期日支付汇票金额给收款人或持票人的票据行为。承兑仅限于商业汇票，付款人承兑商业汇票时，应当在汇票正面记载"承兑"字样和承兑日期并签章。

2. 商业汇票的特点

与其他银行结算方式相比，商业汇票具有如下特点：

（1）与银行汇票等相比，商业汇票的适用范围相对较窄，各企业、事业单位之间只有根据购销合同进行合法的商品交易，才能签发商业汇票。除商品交易以外，其他方面的结算，如劳务报酬、债务清偿、资金借贷等不可采用商业汇票结算方式。

（2）与银行汇票等结算方式相比，商业汇票的使用对象也相对较少。商业汇票的使用对象是在银行开立账户的法人。使用商业汇票的收款人、付款人及背书人、被背书人等必须同时具备两个条件：一是在银行开立账户，二是具有法人资格。个体工商户、农村承包户、个人、法人的附属单位等不具有法人资格的单位或个人，以及虽具有法人资格但没有在银行开立账户的单位都不能使用商业汇票。

（3）商业汇票可以由付款人签发，也可以由收款人签发，但都必须经过承兑。只有经过承兑的商业汇票才具有法律效力，承兑人负有到期无条件付款的责任。商业汇票到期，因承兑人无款支付或其他合法原因，债务人不能获得付款时，可以按照汇票背书转让的顺序，向前手行使追索权，依法追索票面金额；该汇票上的所有关系人都应负连带责任。商业汇票的承兑期限由交易双方商定，一般为 3 个月至 6 个月，最长不得超过 9 个月，属于分期付款的，应一次签发若干张不同期限的商业汇票。

（4）未到期的商业汇票可以到银行办理贴现，从而使结算和银行资金融通相结合，有利于企业及时地补充流动资金，维持生产经营的正常进行。

（5）商业汇票在同城、异地都可以使用，而且没有结算起点的限制。

（6）商业汇票一律记名并允许背书转让。商业汇票到期后，一律通过银行办理转账结算，银行不支付现金。

（二）商业汇票及相关凭证

商业汇票按承兑人的不同，可以分为商业承兑汇票和银行承兑汇票两种。

1. 商业承兑汇票

商业承兑汇票，是指由收款人签发，经付款人承兑，或者由付款人签发并承兑的一种商业汇票。商业承兑汇票一式三联：

第一联是卡片联（见图 5-60），出票人签章后由承兑人留存。

商业承兑汇票（卡片）　　1

AX 00000123

出票日期（大写）　　　年　　月　　日

付款人	全　称		收款人	全　称	
	账　号			账　号	
	开户银行			开户银行	

出票金额（大写）	人民币（大写）	亿	千	百	十	万	千	百	十	元	角	分

汇票到期日（大写）		付款人开户行	行号	
交易合同号码			地址	

备注	
出票人签章	

此联承兑人留存

图 5-60　商业承兑汇票卡片联

第二联汇票正联（见图 5-61 和图 5-62），有正、背两面，汇票正联是银行之间的传递凭证。

商业承兑汇票　　2

AX 00000123

出票日期（大写）　　　年　　月　　日

付款人	全　称		收款人	全　称	
	账　号			账　号	
	开户银行			开户银行	

出票金额（大写）	人民币（大写）			亿	千	百	十	万	千	百	十	元	角	分

汇票到期日（大写）		付款人开户行	行号	
交易合同号码			地址	

本汇票已经承兑，到期无条件支付票款。	本汇票请予以承兑于到期日付款。
承兑人签章 承兑日期　　　年　　月　　日	出票人签章

图 5-61　商业承兑汇票卡正联（正面）

注意事项

一、付款人于汇票到期日前须将票款足额交存开户银行，如账户存款余额不足时，银行比照空头支票处以罚款。

二、本汇票经背书可以转让。

被背书人	被背书人	被背书人
背书	背书	背书
日期　　年　月　日	日期　　年　月　日	日期　　年　月　日

图 5-62　商业承兑汇票卡正联（背面）

第三联存根联（见图 5-63），由出票人存查。

商业承兑汇票（存根）　3　　AX 00000123

出票日期（大写）　　　　年　　月　　日

付款人	全　称		收款人	全　称	
	账　号			账　号	
	开户银行			开户银行	

出票金额（大写）	人民币（大写）		亿	千	百	十	万	千	百	十	元	角	分

汇票到期日（大写）		交易合同号码	

备注

此联出票人存查

图 5-63　商业承兑汇票存根联

2．银行承兑汇票

银行承兑汇票，是指由收款人或承兑申请人签发，并由承兑申请人向开户银行申请，经银行审查同意承兑的汇票。银行承兑汇票一式三联：

第一联卡片联（见图 5-64），由承兑银行留存备查。

银行承兑汇票（卡片）　1　　B12347901

出票日期（大写）　　　年　　月　　日

出票人全称		收款人	全　称	
出票人账号			账　号	
付款行全称			开户银行	

出票金额（大写）	人民币（大写）		亿	千	百	十	万	千	百	十	元	角	分

汇票到期日（大写）		付款行	行号	
承兑协议编号			地址	

本汇票请你行承兑，此项汇票款我单位按承兑协议于到期前足额交存你行，到期请予支付

密押

出票人签章　　备注：　　　复核　　记账

此联承兑行留存备查 到期支付票款时作借方凭证附件

图 5-64　银行承兑汇票卡片联

· 151 ·

第二联汇票正联（见图 5-65 和图 5-66），此联是银行之间的传递凭证。

银行承兑汇票　　2　　B12347901

出票日期（大写）	年 月 日

出票人全称		收款人	全　称	
出票人账号			账　号	
付款行全称			开户银行	

出票金额（大写）	人民币（大写）	亿 千 百 十 万 千 百 十 元 角 分

汇票到期日（大写）		付款行	行号	
承兑协议编号			地址	

本汇票请你行承兑，到期无条件付款	本汇票已经承兑，到期日由本行付款	密押
	承兑行签章	
	承兑日期　　年　月　日	
出票人签章	备注：	复核　　记账

右侧竖排文字：此联持票人开户银行随托收凭证寄付款人开户银行作借方凭证附件

图 5-65　银行承兑汇票正联（正面）

被背书人	被背书人	粘贴单处
背书人签章 年 月 日	背书人签章 年 月 日	

图 5-66　银行承兑汇票正联（背面）

第三联存根联（见图 5-67），由出票人存查。

银行承兑汇票（存根）　3　B12347901

| 出票日期（大写） | | 年 | 月 | 日 | | | | | | | | | | | | | | |

出票人全称		收款人	全　称														
出票人账号			账　号														
付款行全称			开户银行														

出票金额（大写）	人民币（大写）		亿	千	百	十	万	千	百	十	元	角	分

汇票到期日（大写）		付款行	行号	
承兑协议编号			地址	

密押

复核　　记账

此联由出票人存查

图 5-67　银行承兑汇票存根联

3. 银行承兑协议

　　银行承兑汇票的出票人或持票人向银行提示承兑时，银行的信贷部门负责按有关规定和审批程序，对出票人的资格、资信、购销合同和汇票记载的内容进行认真审查，必要时可由出票人提供担保。符合规定和承兑条件的，与出票人签订承兑协议。

　　银行承兑协议一式三联（见图 5-68）：

　　第一联出票入留存；第二联、第三联（副本）和汇票的第一、二联一并交银行会计部门。

银行承兑协议

编号：

银行承兑汇票的内容：

出票人全称：　　　　　　　　　　　　收款人全称：

开户银行：　　　　　　　　　　　　　开户银行：

账号：　　　　　　　　　　　　　　　账号：

汇票号码：　　　　　　　　　　　　　汇票金额（大写）：

出票日期：　　年　　月　　日　　　　到期日期：　　年　　月　　日

以上汇票经银行承兑，出票人愿意遵守《支付结算办法》的规定及下列条款：

一、出票人于汇票到期日前将应付票款足额交存承兑银行。

二、承兑手续费按票面金额0.5‰计算，在银行承兑时一次付清。

三、出票人与持票人如发生任何交易纠纷，均由其双方自行处理，票款于到期前仍按第一条办理不误。

四、承兑汇票到期日，承兑银行凭票无条件支付票款。如到期日之前出票人不能足额交付票款时，承兑银行对不足支付部分的票款转作出票申请人逾期贷款，并按照有关规定计收罚息。

五、汇票款付清后，本协议自动失效。

承兑银行签章：　　　　　　　　　　　　　　出票人签章：

付款行号：

付款行地址：

　承兑协议时间：　　年　月　日

图 5-68　银行承兑协议模板

4. 贴现凭证

持票人持未到期的商业汇票向银行申请贴现时，应当根据汇票填制贴现凭证。贴现凭证一式五联：第一联（见图 5-69），既作银行的贴现凭证，又代申请书。

贴 现 凭 证（代申请书）　　　1

申请日期　　　年　月　日　　　　　　　　　第　号

贴现汇票	种类		号码			持票人	名称												
	出票日		年　月　日				账号												
	到票日		年　月　日				开户银行												
汇票承兑人	名称					账号			开户银行										
汇票金额	人民币（大写）									千	百	十	万	千	百	十	元	角	分
贴现率	‰	贴现利息	千	百	十	万	千	百	十	元	角	分	实付贴现金额	千	百	十	万	千 百 十 元 角 分

附送承兑汇票申请贴现，请审核　　银行审批　　　　科目（借）_____
　　　　　　　　　　　　　　　　　　　　　　　　对方科目（贷）_____

持票人签章　　　负责人　　信贷员　　　　复核　　　记账

此联银行作贴现借方凭证

图 5-69　贴现凭证第一联

第二联（见图 5-70），银行作出票人账户贷方凭证。

贴 现 凭 证 （贷方凭证） 2

申请日期　　　年　月　日　　　　　　　第　号

贴现汇票	种　类		号码			持票人	名　称												
	出票日		年　月　日				账　号												
	到票日		年　月　日				开户银行												
汇票承兑人	名称					账号			开户银行										
汇票金额	人民币（大写）									千	百	十	万	千	百	十	元	角	分
贴现率　%₀	贴现利息	千	百	十	万	千	百	十	元	角	分	实付贴现金额	千	百	十	万	千	百	十	元	角	分
备注：								科目（借）＿＿＿＿＿＿＿＿＿ 对方科目（贷）＿＿＿＿＿＿＿ 　复核　　　记账											

此联银行作持票人账户贷方凭证

图 5-70　贴现凭证第二联

第三联（见图 5-71），银行作贴现利息贷方凭证。

贴 现 凭 证 （贷方凭证） 3

申请日期　　　年　月　日　　　　　　　第　号

贴现汇票	种　类		号码			持票人	名　称												
	出票日		年　月　日				账　号												
	到票日		年　月　日				开户银行												
汇票承兑人	名称					账号			开户银行										
汇票金额	人民币（大写）									千	百	十	万	千	百	十	元	角	分
贴现率　%₀	贴现利息	千	百	十	万	千	百	十	元	角	分	实付贴现金额	千	百	十	万	千	百	十	元	角	分
备注：								科目（借）＿＿＿＿＿＿＿＿＿ 对方科目（贷）＿＿＿＿＿＿＿ 　复核　　　记账											

此联银行作贴现利息贷方凭证

图 5-71　贴现凭证第三联

第四联（见图 5-72），是银行给持票人的收账通知。

贴 现 凭 证（收账通知） 4

申请日期　　　　年　月　日　　　　　　　　　　　第　号

贴现汇票	种类		号码			持票人	名　称											
	出票日		年　　　　月　　　　日				账　号											
	到票日		年　　　　月　　　　日				开户银行											

汇票承兑人	名称			账号		开户银行									

汇票金额	人民币 （大写）						千	百	十	万	千	百	十	元	角	分

贴现率	‰	贴现利息	千	百	十	万	千	百	十	元	角	分	实付贴现金额	千	百	十	万	千	百	十	元	角	分

贴现款项已入你单位账户。 　　　　　银行签章 　年　　月　　日	备注：

右侧竖排：此联银行给持票人的收账通知

图 5-72　贴现凭证第四联

第五联（见图 5-73），由银行会计部门按到期日排列保管，到期日作贴现贷方凭证。

贴 现 凭 证（贷方凭证） 5

申请日期　　　　年　月　日　　　　　　　　　　　第　号

贴现汇票	种类		号码			持票人	名　称											
	出票日		年　　　　月　　　　日				账　号											
	到票日		年　　　　月　　　　日				开户银行											

汇票承兑人	名称			账号		开户银行									

汇票金额	人民币 （大写）						千	百	十	万	千	百	十	元	角	分

贴现率	‰	贴现利息	千	百	十	万	千	百	十	元	角	分	实付贴现金额	千	百	十	万	千	百	十	元	角	分

备注：	科目（借）＿＿＿＿＿＿＿＿ 对方科目（贷）＿＿＿＿＿＿＿ 　　复核　　　　　记账

右侧竖排：此联会计部门按到期日排列保管，到期日作贴现贷方凭证

图 5-73　贴现凭证第五联

（三）商业汇票结算规定

（1）在银行开立存款账户的法人及其他组织之间，必须具有真实的交易关系或债权债务关系，才能使用商业汇票。

（2）签发商业汇票必须记载下列事项（见图5-74）：

① 表明"商业承兑汇票"或"银行承兑汇票"的字样；

② 无条件支付的委托；

③ 确定的金额；

④ 付款人名称；

⑤ 收款人名称；

⑥ 出票日期；

⑦ 出票人签章。

欠缺记载上列事项之一的，商业汇票无效。

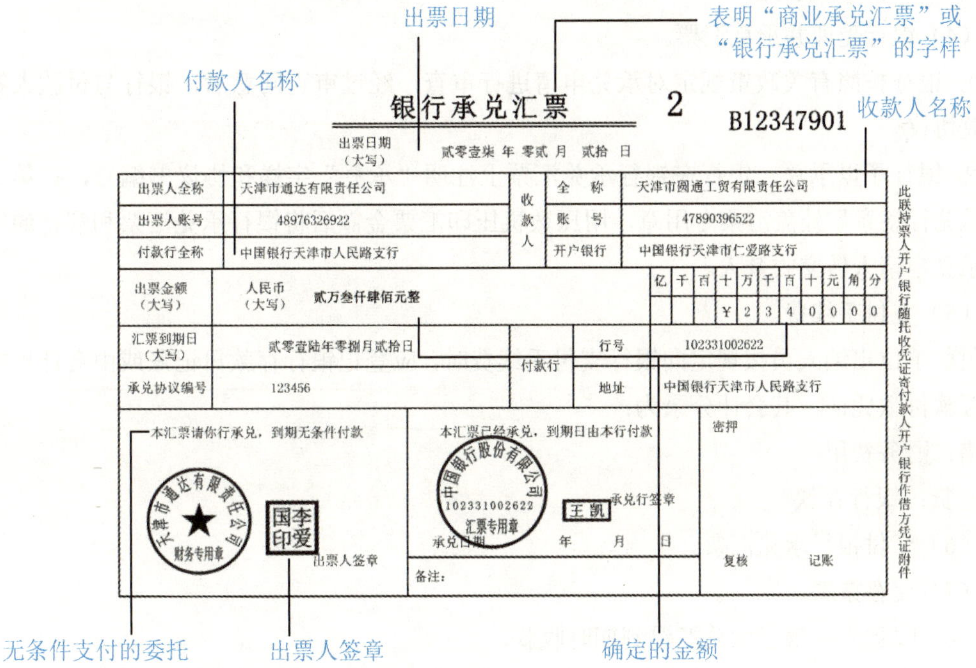

图 5-74 商业汇票必须记载事项

（3）商业汇票可以在出票时向付款人提示承兑后使用，也可以在出票后先使用再向付款人提示承兑。定日付款或者出票后定期付款的商业汇票持票人应当在汇票到期日前向付款人提示承兑。见票后定期付款的汇票，持票人应当自出票日起1个月内向付款人提示承兑。付款人接到提示承兑的汇票时，应当在自收到提示承兑的汇票之日起3日内承兑或者拒绝承兑（拒绝承兑必须出具拒绝承兑的证明）。

（4）商业汇票的付款期限，最长不得超过6个月（按到期月的对日计算，无对日的，月末日为到期日，遇法定休假日顺延）。

① 定日付款的汇票付款期限自出票日起计算，并在汇票上记载具体的到期日；

② 出票后定期付款的汇票付款期限自出票日起按月计算，并在汇票上记载；

③ 见票后定期付款的汇票付款期限自承兑或拒绝承兑日起按月计算，并在汇票上记载。

（5）商业汇票的提示付款期限，自汇票到期日起 10 日。

（6）符合条件的商业汇票的持票人可持未到期的商业汇票向银行申请贴现。

（四）商业汇票办理实务

1. 银行承兑汇票的办理

（1）签订交易合同。

（2）付款人签发银行承兑汇票。

（3）申请汇票承兑。

（4）银行受理并承兑汇票。

① 银行按照有关政策规定对承兑申请进行审查，经过审查同意后，银行与付款人签订承兑协议。

② 银行予以承兑，银行在银行承兑汇票上注明"承兑"字样和协议书编号，在第二联"承兑行签章"处盖汇票专用章，用压数机压印汇票金额后将银行承兑汇票和解讫通知联交承兑申请人转交收款人。

（5）支付手续费。

付款单位出纳人员按规定向银行支付手续费时，应登记银行存款日记账或由会计填制银行存款付款凭证，其会计分录为：

借：财务费用

　　贷：银行存款

（6）交付银行承兑汇票。

（7）交存票款。

（8）收款人在银行承兑汇票到期时收款。

① 收款单位出纳人员在汇票到期时，办理收款手续应填制进账单，并在银行承兑汇票第二联、第三联背面加盖预留银行的印鉴，将汇票和进账单一并送交其开户银行，办理收取票款的手续。

② 开户银行按照规定对银行承兑汇票进行审查，审查无误后将进账单第三联（收账通知联）加盖"转讫"章交收款单位作为收款通知，按规定办理汇票收款业务。收款单位出纳人员根据银行退回的进账单第三联登记银行存款日记账，会计人员据此编制银行存款收款凭证：

借：银行存款

　　贷：应收票据

同时在"应收票据备查簿"上登记承兑的日期和金额情况，并在注销栏内予以注销。

（9）承兑银行在汇票到期日按照规定办理银行承兑汇票票款划拨收款人，并向付款单位发出付款通知，付款单位收到银行支付到期汇票的付款通知，出纳人员登记银行存款日记账，会计人员编制银行存款付款凭证：

借：应付票据

　　贷：银行存款

同时在"应付票据备查簿"上登记到期付款的日期和金额，并在注销栏内予以注销。

（10）银行承兑汇票遗失及注销。持票单位遗失银行承兑汇票，应及时向承兑银行办理挂失注销手续，待汇票到期日满一个月再办理如下手续：

① 付款单位遗失的，应备函说明遗失原因，并附第四联银行承兑汇票送交银行申请注销，银行受理后，在汇票第四联注明"遗失注销"字样并盖章后即可注销；

② 收款单位遗失的，由收款单位与付款单位协商解决，汇票到期满一个月后，付款单位确未支付票款时，付款单位可代收款单位办理遗失手续，手续与付款单位遗失的手续相同。

2. 商业承兑汇票的办理

商业承兑汇票的办理除以下几点外，其余手续和银行承兑汇票基本相同：

（1）付款人签发汇票。付款人按照商品购销合同签发商业承兑汇票，在汇票第二联正面签署"承兑"字样并加盖预留银行的印鉴后，交给收款人。

（2）收款人收到商业承兑汇票后，经审核无误，按合同发运商品。

（3）收款人在汇票将要到期时，应当提前将汇票和委托收款凭证交开户行办理收款手续。

委托银行收款时，应填写一式五联的"托收凭证"，在"托收凭证名称"栏内注明"商业承兑汇票"字样，在商业承兑汇票第二联背面加盖收款单位公章后，一并送交开户银行。开户银行审查后办理有关收款手续，并将盖章后的"托收凭证"第一联受理回单退回给收款单位保存。

（4）收款人开户行将收到的凭证寄交付款人开户行，委托代其收款。

（5）付款人在汇票到期日之前，应当将票款足额交存银行，以备到期支付。

（6）付款人开户行收到收款人开户行转来的有关凭证后，于汇票到期日将票款从付款人账户划转给收款人开户行，并向付款人发出付款通知。付款人收到付款通知后，出纳人员据此登记银行存款日记账，会计人员编制银行存款付款凭证：

借：应付票据——商业承兑汇票

　　贷：银行存款

（7）收款人开户行收到票款后，在托收凭证的收款通知联加盖"转讫"章后交给收款人，通知款项已收妥。收款单位的出纳人员根据通知联登记银行存款日记账，会计人员编制银行存款收款凭证：

借：银行存款

　　贷：应收票据——商业承兑汇票

（8）付款人到期无力兑现的处理。

商业承兑汇票到期，付款单位存款账户无款支付或不足支付时，付款单位开户银行将按规定，按照商业承兑汇票票面金额的 5% 收取罚金，不足 50 元的按 50 元收取，并通知付款单位送回委托收款凭证及所附商业承兑汇票。付款单位应在接到通知的次日起 2 天内将委托收款凭证第五联及商业承兑汇票第二联退回开户银行。付款单位开户银行收到付款单位退回的委托收款凭证和商业承兑汇票后，应在其收存的委托收款凭证第三联和第四联"转账原因"栏内注明"无款支付"字样并加盖银行业务公章后，一并退回收款单位开户银行转交给收款单位，再由收款单位和付款单位自行协商票款的清偿问题。

（9）商业承兑汇票遗失及注销。商业承兑汇票遗失或未使用办理注销，不须向银行办理注销手续，而由收付款单位双方自行联系处理。

3．办理商业汇票的贴现

贴现是指汇票持有人将未到期的商业汇票交给银行，银行按照票面金额扣收自贴现日至汇票到期日期间的利息，将票面金额扣除贴现利息后的净额交给汇票持有人。商业汇票持有人在资金暂时不足的情况下，可以凭承兑的商业汇票向银行办理贴现，以提前取得货款。商业汇票持有人办理汇票贴现，应按下列步骤办理：

（1）申请贴现。汇票持有人向银行申请贴现，应填制一式五联的"贴现凭证"。

汇票持有单位（即贴现单位）的出纳人员应根据汇票的内容，逐项填写贴现凭证的相关内容，如贴现申请人的名称、账号、开户银行，贴现汇票的种类、发票日、到期日和汇票号码，汇票承兑人的名称、账号和开户银行，汇票金额的大、小写，等等。其中，贴现申请人即汇票持有单位本身；贴现汇票种类指银行承兑汇票或商业承兑汇票；银行承兑汇票的汇票承兑人为承兑银行即付款单位开户银行，商业承兑汇票的汇票承兑人为付款单位自身；汇票金额（即贴现金额）指汇票本身的票面金额。填完贴现凭证后，在第一联贴现凭证"申请人盖章"处和商业汇票第二联、第三联背后加盖预留银行印鉴，然后一并送交开户银行信贷部门。

开户银行信贷部门按照有关规定对汇票及贴现凭证进行审查，重点是审查申请人持有汇票是否合法，是否在本行开户，汇票联数是否完整，背书是否连续，贴现凭证的填写是否正确，汇票是否在有效期内，承兑银行是否已通知不应贴现及是否超过本行信贷规模和资金承受能力，等等。审查无误后，在贴现凭证"银行审批"栏内签注"同意"字样，并加盖有关人员印章后送银行会计部门。

（2）办理贴现。银行会计部门对银行信贷部门审查的内容进行复核，并审查汇票盖印及压印金额是否真实有效。审查无误后，即按规定计算并在贴现凭证上填写贴现率、贴现利息和实付贴现金额。其中，贴现率是国家规定的月贴现率；贴现利息是指汇票持有人向银行申请贴现面额付给银行的贴现利息；实付贴现金额是指汇票金额（即贴现金额）减去应付贴现利息后的净额，即汇票持有人办理贴现后实际得到的款项金额。按照规定，贴现利息应根据贴现金额、贴现天数（自银行向贴现单位支付贴现票款日起至汇票到期日前一天止的天数）和贴现率计算求得。用公式表示为：

$$贴现利息＝贴现金额×贴现天数×日贴现率$$
$$日贴现率＝月贴现率÷30$$

贴现单位实得贴现金额则等于贴现金额减去应付贴现利息，用公式表示为：

$$实付贴现金额＝贴现金额－应付贴现利息$$

银行会计部门填写完贴现率、贴现利息和实付贴现金额后，将贴现凭证第四联加盖"转讫"章后交给贴现单位作为收账通知，同时将实付贴现金额转入贴现单位账户。贴现单位出纳人员根据开户银行转回的贴现凭证第四联，按实付贴现金额登记银行存款日记账；会计人员编制银行存款收款凭证：

借：银行存款

　　贷：应付票据

同时按贴现利息作转账凭证，其会计分录为：

借：财务费用

　　贷：应付票据

并在"应收票据登记簿"登记有关贴现情况。

例：天津圆通公司向天津恒通公司销售产品，取得天津恒通公司签发并承兑的商业承兑汇票一张，票面金额为 1 000 000 元，签发承兑日期为 6 月 8 日，付款期为 6 个月。7 月 8 日，光华公司因急需用款，持该汇票到银行申请贴现，经银行同意后办理贴现。假定银行月贴现率为 6‰，贴现天数为 5 个月。

贴现利息＝1 000 000×5×6‰＝30 000（元）

实付贴现金额＝1 000 000－30 000＝970 000（元）

天津圆通公司出纳人员应根据银行转回的贴现凭证第四联登记银行存款日记账，或由会计人员编制银行存款收款凭证，其会计分录为：

借：银行存款 970 000

　　贷：应收票据 970 000

同时编制转账凭证，其会计分录为：

借：财务费用 30 000

　　贷：应收票据 30 000

（3）票据到期。汇票到期，由贴现银行通过付款单位开户银行向付款单位办理清算，收回票款。

四、任务实施

（一）操作流程

序号	操作步骤	角色	注意事项
1	提交申请资料，申请银行承兑汇票	出纳	
2	转存保证金	出纳	
3	资格审核	银行	
4	签订承兑协议	银行、出票人	
5	签发银行承兑汇票	银行	
6	交付银行承兑汇票	出纳	
7	填制付款凭证	制证会计	
8	登记银行存款日记账	出纳	

（二）具体步骤

（1）出纳李华按照《购销合同》注明使用银行承兑汇票的要求，向开户行提出申请银行承兑汇票，提交开具银行承兑票的有关申请资料，主要包括购销双方增值税专用发票、购销合同及复印件等。

（2）银行审核资料无误后，出纳李华按照银行要求，开具转账支票（见图 5-75），然后填写进账单（见图 5-76），将保证金存入银行指定账户（注：无论是转账支票还是进账单，出票人和收款人都是企业自己，差别在于填写进账单时，收款人账号为银行指定的账号）。

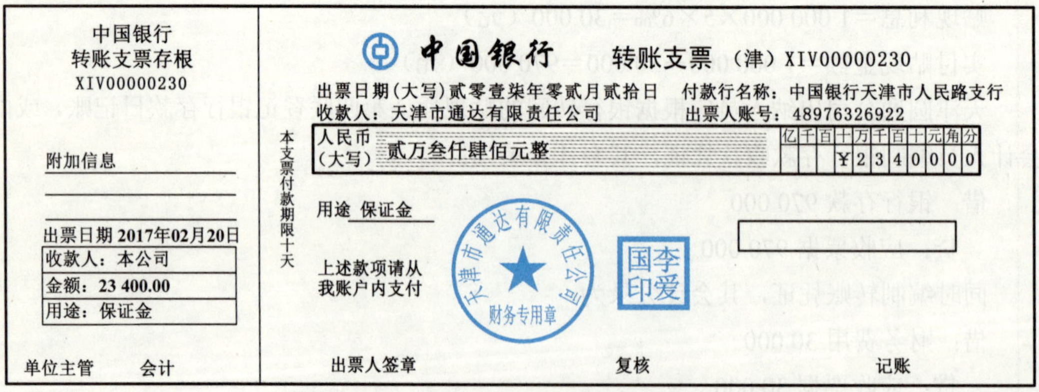

图 5-75　开具转账支票

中国银行　进账单（回单）　1

2017 年 02 月 20 日

出票人	全　称	天津市通达有限责任公司				收款人	全　称	天津市通达有限责任公司											
	账　号	85676326871					账　号	48976326922											
	开户行	中国银行天津市和平路支行					开户行	中国银行天津市人民路支行											
金额	人民币（大写）	贰万叁仟肆佰元整							千	百	十	万	千	百	十	元	角	分
												￥	2	3	4	0	0	0	0
票据种类	转账支票		票据张数	1														
票据号码	XIV00000230																	
复核　　　记账						收款人开户银行签章												

图 5-76　填写进账单

（3）银行按照相关规定对出票人的资格、发票日期是否在合同后、合同金额、公司名称、保证金是否到账、购销合同等内容进行认真审查。

（4）银行审查无误后，出票人和银行签订银行承兑协议（见图 5-77），按照协议要求收取 0.5‰的手续费。

银行承兑协议

编号：123456

银行承兑汇票的内容：

出票人全称：天津市通达有限责任公司　　　　收款人全称：天津市圆通工贸有限责任公司

开户银行：中国银行天津市人民路支行　　　　开户银行：中国银行天津市仁爱路支行

账号：48976326922　　　　　　　　　　　账号：47890396522

汇票号码：B12347901　　　　　　　　　　汇票金额（大写）：贰万叁仟肆佰元整

出票日期：2017 年 02 月 20 日　　　　　　到期日期：2017 年 08 月 20 日

以上汇票经银行承兑，出票人愿意遵守《支付结算办法》的规定及下列条款：

一、出票人于汇票到期日前将应付票款足额交存承兑银行。

二、承兑手续费按票面金额 0.5‰计算，在银行承兑时一次付清。

三、出票人与持票人如发生任何交易纠纷，均由其双方自行处理，票款于到期前仍按第一条办理不误。

四、承兑汇票到期日，承兑银行凭票无条件支付票款。如到期日之前出票人不能足额交付票款时，承兑银行对不足支付部分的票款转作出票申请人逾期贷款，并按照有关规定计收罚息。

五、汇票款付清后，本协议自动失效。

承兑银行签章：	出票人签章：

付款行号：102331002622

付款行地址：中国银行天津市人民路支行

承兑协议时间：2017 年 02 月 20 日

图 5-77 签订银行承兑协议

（5）银行承兑汇票相关手续办完后，银行签发银行承兑汇票（一式三联）（见图 5-78、图 5-79 和图 5-80），公司印鉴管理人员在银行承兑汇票第一、二联的出票人签章处盖章。

（6）出纳李华将填写完整并加盖公司签章的银行承兑汇票交还银行，银行在银行承兑汇票的第二联承兑行签章处盖章，表示承兑。

（7）银行将承兑后的银行承兑汇票第一联留存，将第二、三联退给出纳李华。

（8）出纳李华将银行承兑汇票第二联复印两份，然后将银行承兑汇票第二联交付采购员，同时登记应付票据登记簿。

银行承兑汇票（卡片） 1   B12347901

出票日期（大写）   贰零壹柒 年 零贰 月 贰拾 日

出票人全称	天津市通达有限责任公司	收款人	全　称	天津市圆通工贸有限责任公司
出票人账号	48976326922		账　号	47890396522
付款行全称	中国银行天津市人民路支行		开户银行	中国银行天津市仁爱路支行

出票金额（大写）	人民币（大写） 贰万叁仟肆佰元整	亿	千	百	十	万	千	百	十	元	角	分
						¥	2	3	4	0	0	0	0

汇票到期日（大写）	贰零壹陆年零捌月贰拾日	付款行	行号	102331002622
承兑协议编号	123456		地址	中国银行天津市人民路支行

本汇票请你行承兑，此项汇票款我单位按承兑协议于到期前足额存你行，到期请予支付		密押	
出票人签章	备注：	复核　　　记账	

右侧竖排：此联承兑行留存备查 到期支付票款时作借方凭证附件

图 5-78 签发银行承兑汇票卡片联

银行承兑汇票　2　B12347901

| 出票日期（大写） | 贰零壹柒 年 零贰 月 贰拾 日 | | | | | | | | | | | | | | |

出票人全称	天津市通达有限责任公司	收款人	全　称	天津市圆通工贸有限责任公司
出票人账号	48976326922		账　号	47890396522
付款行全称	中国银行天津市人民路支行		开户银行	中国银行天津市仁爱路支行

出票金额（大写）	人民币（大写） 贰万叁仟肆佰元整	亿	千	百	十	万	千	百	十	元	角	分
						￥	2	3	4	0	0	0	0

汇票到期日（大写）	贰零壹陆年零捌月贰拾日	付款行	行号	102331002622
承兑协议编号	123456		地址	中国银行天津市人民路支行

本汇票请你行承兑，到期无条件付款	本汇票已经承兑，到期日由本行付款	密押
		承兑行签章
出票人签章	承兑日期：　　年　　月　　日	复核　　　记账
	备注：	

图 5-79　签发银行承兑汇票正联

银行承兑汇票（存根）　3　B12347901

| 出票日期（大写） | 贰零壹柒 年 零贰 月 贰拾 日 | | | | | | | | | | | | | | |

出票人全称	天津市通达有限责任公司	收款人	全　称	天津市圆通工贸有限责任公司
出票人账号	48976326922		账　号	47890396522
付款行全称	中国银行天津市人民路支行		开户银行	中国银行天津市仁爱路支行

出票金额（大写）	人民币（大写） 贰万叁仟肆佰元整	亿	千	百	十	万	千	百	十	元	角	分
						￥	2	3	4	0	0	0	0

汇票到期日（大写）	贰零壹陆年零捌月贰拾日	付款行	行号	102331002622
承兑协议编号	123456		地址	中国银行天津市人民路支行

		密押
		复核　　　记账

图 5-80　签发银行承兑汇票存根联

（9）出纳李华在银行承兑汇票到期前，将足额的货款存入付款账户。

（10）银行承兑汇票到期，出纳李华收到承兑行（即公司开户行）的付款通知（即托收凭证第五联）。

（11）出纳李华审核付款通知与银行承兑汇票的金额、日期等信息，审核无误后，银行将款项划转给收款人。

（12）出纳李华将付款通知交制证会计李红填制付款凭证（见图5-81）。

<table>
<tr><td colspan="9" align="center">付 款 凭 证</td></tr>
<tr><td>贷方科目：__银行存款__</td><td colspan="4" align="center">2017 年 02 月 20 日</td><td colspan="4">总字第____号
付字第 011 号</td></tr>
<tr><td rowspan="2">摘 要</td><td colspan="2" align="center">借 方 科 目</td><td colspan="1" align="center">金 额</td><td rowspan="2">记账
（签章）</td></tr>
<tr><td align="center">总账科目</td><td align="center">明细科目</td><td>千百十万千百十元角分</td></tr>
<tr><td>银行承兑汇票
到期</td><td>应付票据</td><td>银行承兑汇票</td><td>1 1 7 0 0 0 0</td><td></td></tr>
<tr><td></td><td></td><td></td><td></td><td></td></tr>
<tr><td></td><td></td><td></td><td></td><td></td></tr>
<tr><td></td><td></td><td></td><td></td><td></td></tr>
<tr><td colspan="3" align="center">合 计</td><td>￥1 1 7 0 0 0 0</td><td></td></tr>
<tr><td colspan="5">财务主管：郝中华　　出纳：李 华　　复核：郝中华　　制单：李 红</td></tr>
</table>

附单据1张

图 5-81　填制付款凭证

（13）出纳李华依据审核无误的付款凭证，登记银行存款日记账（略）。

实训任务六：办理银行存款清查业务

一、实训目标

目标分解	目标描述
知识目标	理解对账的含义
	理解未达账项的含义
技能目标	学会编制银行存款余额调节表
	掌握银行存款清查方法
素养目标	养成良好的银行存款清查习惯

二、任务导入

2017 年 3 月 31 日，出纳李华登记完银行存款日记账最后一笔款后，收到开户行送来的一份对账单。基本情况如表 5-2 和表 5-3 所示。

表 5-2 银行存款日记账

2017 年		凭证号数	对方科目	摘要	收入（借方）金额	付出（贷方）金额	结余金额
月	日						
3	25	略	略	承前页	113 457.00	181 417.00	498 240.00
	25	略	略	收到销货款（银行汇票）	67 860.00		566 100.00
	26	略	略	支付材料款（转支＃45223）		86 112.00	479 988.00
	26	略	略	收到销货款（转支＃98127）	104 832.00		584 820.00
	26	略	略	汇出购货款（信汇）		93 600.00	491 220.00
	28	略	略	收到销货款（托收承付）	70 200.00		561 420.00
	28	略	略	支付设备款（转支＃45224）		163 800.00	397 620.00
	29	略	略	收到销货款（转支＃8464）	121 680.00		519 300.00
	30	略	略	支付材料运杂费（委托收款）		9 860.00	509 440.00
	31	略	略	支付材料款（转支＃45225）		114 660.00	394 780.00

表 5-3 银行对账单

2017 年		摘要	借方	贷方	借或贷	结余金额
月	日					
3	25	承前页			贷	498 240.00
	26	银行汇票（收到销货款）		67 860.00	贷	566 100.00
	26	托收承付（收到销货款）		70 200.00	贷	636 300.00
	26	信汇（汇出购货款）	93 600.00		贷	542 700.00
	27	转支＃98127（收到销货款）		104 832.00	贷	647 532.00
	28	委托收款（支付材料运杂费）	9 860.00		贷	637 672.00
	29	托收承付（收到销货款）		55 760.00	贷	693 432.00
	30	转支＃45224（支付设备款）	163 800.00		贷	529 632.00
	30	转支＃45223（支付材料款）	86 112.00		贷	443 520.00
	31	委托收款（支付房租）	9 920.00		贷	433 600.00
	31	银行存款计息单		980.00	贷	434 580.00

出纳李华发现，银行存款日记账期末余额为 394 780.00 元，银行存款期末余额 434 580.00 元，两者不一致。

如果你是李华，接下来该如何对账？

三、知识准备

（一）对账的含义

所谓对账，就是核对账目。其目的是防止和避免编制记账凭证和登记账簿的差错，以提高会计核算的质量，切实做到账证、账账、账实相符。各单位应定期（每年至少一次）核对各种账簿记录，确保会计信息真实可靠。对账的方法一般包括账证核对、账账核对和账实核对。

1．账证核对

账证核对应就原始凭证、记账凭证与账簿记录中的各项经济业务核对其内容、数量、金额是否相符及会计科目是否正确。根据业务量的大小，可逐笔核对，也可抽查核对。如发现有差错，应逐步查对到最初的依据，直至查出差错的原因为止。

2．账账核对

账账核对要求做到账账相符，一般有以下几种方法：

（1）检查总分类账户的记录是否有差错。可以通过编制试算平衡表进行检查，如果借贷双方金额试算平衡，一般来说没有错误，如果借贷双方金额不平衡，则说明记账有错误，要做进一步的检查。

（2）检查总分类账户与所属明细分类账户之间的记录是否有差错，有如下两种方法：

① 通过编制明细分类账本期发生额及余额明细表或财产物资的收发结存表与总分类账户核对，如有不符，应进一步查找差错所在原因。

② 加计各明细分类账户中的本期发生额或余额合计数，直接与总分类账户的相应数字相核对。这种方法可以省略上述明细表的编制工作。

3．账实核对

账实核对要求账簿记录余额与各项财产物资和现金、银行存款及各种有价证券的实存数核对相符。核对的方法是财产清查。对固定资产、材料、在产品、产成品、现金等，均应通过盘点实物，并与账存数核对，看其是否相符。

（二）银行存款日记账的核对方法

一般而言，银行存款日记账的核对可以依照下列方法进行。

1．账证核对

账证核对是将银行存款日记账与登记银行存款日记账的记账凭证核对。主要核对记账凭证的编号、检查记账凭证与原始凭证内容是否相符、检查账证与记账方向的一致性。

2．账账核对

账账核对是将银行存款日记账与银行存款总账核对。银行存款日记账实行逐日逐笔，日清月结，要定期与银行存款总账进行对账，保证其与银行存款总账的一致性。

3. 账实核对

企事业单位在银行中的存款实有数是通过“银行对账单”（见图 5-82）来反映的，所以账实核对是银行存款日记账定期与“银行对账单”的核对，至少每月一次。

在实际工作中，企业的银行日记账余额与对账单的余额往往不一致。不一致的原因主要有两个：一是企业或者开户银行其中一方或双方记账错误；二是企业或者开户银行存在未达账项。

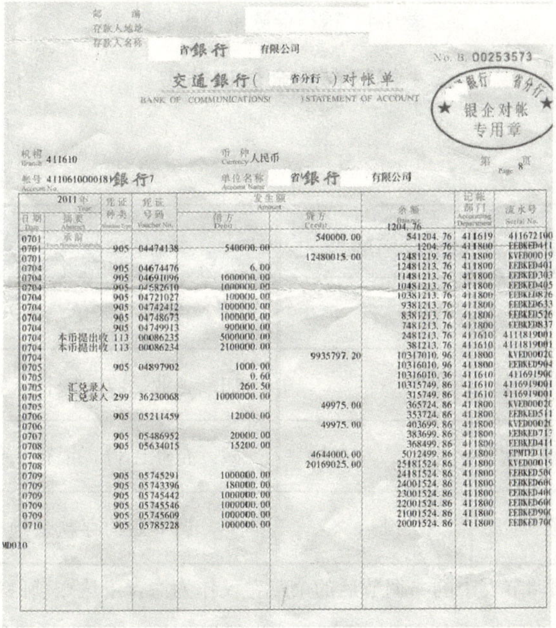
邮编
存款人地址
存款人名称 省银行 有限公司
No. B 00253573
交通银行（ 省分行 ）对帐单
BANK OF COMMUNICATIONS( )STATEMENT OF ACCOUNT
银行 省分行 银企对帐专用章
机构 Branch 411610
币种 Currency 人民币
第 8 页 Page
帐号 Account No. 4110610000181银行7
单位名称 Account Name 省银行 有限公司

2011年 日期 Date	摘要 Abstract	凭证种类	凭证号码 Voucher No.	发生额 Amount 借方 Debit	发生额 Amount 贷方 Credit	余额 Balance	记账部门 Accounting Department	流水号 Serial No.
	承前					1204.76		
0701					540000.00	541204.76	411619	411672100
0701		905	04474138	540000.00		1204.76	411800	EEBKED411
0701					12480015.00	12481219.76	411800	KVED00019
0704		905	04674476	6.00		12481213.76	411800	EEBKED401
0704		905	04691096	1000000.00		11481213.76	411800	EEBKED303
0704		905	04582610	1000000.00		10481213.76	411800	EEBKED405
0704		905	04721027	100000.00		10381213.76	411800	EEBKED826
0704		905	04742412	1000000.00		9381213.76	411800	EEBKED633
0704		905	04748673	1000000.00		8381213.76	411800	EEBKED526
0704		905	04749913	900000.00		7481213.76	411800	EEBKED837
0704	本币提出收	113	00086235	5000000.00		2481213.76	411610	4111819001
0704	本币提出收	113	00086234	2100000.00		381213.76	411610	4111819001
0704					9935797.20	10317010.96	411800	KVED0002C
0705		905	04897902	1000.00		10316010.96	411800	EEBKED904
0705				0.60		10316010.36	411610	41169190C
0705	汇兑录入			260.50		10315749.86	411610	4116919001
0705	汇兑录入	299	36230068	10000000.00		315749.86	411610	4116919001
0705					49975.00	365724.86	411800	KVED0002C
0706		905	05211459	12000.00		353724.86	411800	EEBKED511
0706					49975.00	403699.86	411800	KVED0002C
0707		905	05486952	20000.00		383699.86	411800	EEBKED71
0708		905	05634015	15200.00		368499.86	411800	EEBKED411
0708					4644000.00	5012499.86	411800	EPMTED114
0708					20169025.00	25181524.86	411800	KVED00015
0709		905	05745291	1000000.00		24181524.86	411800	EEBKED50C
0709		905	05743396	180000.00		24001524.86	411800	EEBKED60C
0709		905	05745442	1000000.00		23001524.86	411800	EEBKED40C
0709		905	05745546	1000000.00		22001524.86	411800	EEBKED60C
0709		905	05745609	1000000.00		21001524.86	411800	EEBKED90C
0710		905	05785228	1000000.00		20001524.86	411800	EEBKED70C

MD010

图 5-82 银行对账单实表

（三）未达账项

未达账项主要是因为企业和银行收到结算凭证的时间不一致。比如，企业委托银行向外地某单位收款，银行收到对方支付款项的结算凭证后，就记账增加企业的银行存款，再将结算凭证传递给企业，企业在收到结算凭证后再记录增加自己账上的银行存款。在银行收到结算凭证至企业收到结算凭证期间，就形成了未达账项。

企业和银行之间可能会发生以下 4 个方面的未达账项：

（1）银行已经收款入账，而企业尚未收到银行的收款通知因而未收款入账的款项（银行已收而企业未收），如委托银行收款等。

（2）银行已经付款入账，而企业尚未收到银行的付款通知因而未付款入账的款项（银行已付而企业未付），如借款利息的扣付、托收无承付等。

（3）企业已经收款入账，而银行尚未办理完转账手续因而未收款入账的款项（企业已收而银行未收），如收到外单位的转账支票等。

（4）企业已经付款入账，而银行尚未办理完转账手续因而未付款入账的款项（企业已付而银行未付），如企业已开出支票而持票人尚未向银行提现或转账等。

出现第一和第四种情况时，会使开户单位银行存款账面余额小于银行对账单的存款余额；出现第二种和第三种情况时，会使开户单位银行存款账面余额大于银行对账单的存款余额。无论出现哪种情况，都会使开户单位存款余额与银行对账单存款余额不一致，很容易开出空头支票，对此，必须编制"银行存款余额调节表"（见表5-4）进行调节。

表 5-4 银行存款余额调节表

银行存款余额调节表

企业名称：   日期：年   月   日

开户行及账号：   金额单位：元

项目	金额	项目	金额
企业银行存款日记账余额		银行对账单余额	
加：银行已收、企业未收款		加：企业已收、银行未收款	
减：银行已付、企业未付款		减：企业已付、银行未付款	
调节后的存款余额		调节后的存款余额	

注意：银行存款余额调节表中的"调节后的余额"仅作为清查未达账项的参考，不作为编制记账凭证的依据，待下月各单位实际收到有关原始凭证后才进行相关会计处理，登记日记账。

（四）银行存款日记账与银行对账单的具体核对方法

银行存款日记账与银行存款对账单的定期核对，是出纳人员的一项重要日常工作。银行存款日记账与银行对账单的核对具体做法如下：

（1）出纳人员根据银行提供的"对账单"同自己的"银行存款日记账"进行核对，凡是对账单与银行存款日记账记录内容相同的可在对账单和日记账上分别标示。

（2）对日记账和对账单上未做标示的项目进行检查，确认是属于记账错误还是未达账项。

（3）对查出属于本单位的记账错误，应当按照规定的错账更正方法进行更正，调整银行存款日记账账面余额；对属于银行记账错误的要及时通知银行更正，并调整银行对账单余额；对发生的"未达账项"，应编制"银行存款余额调节表"。

各单位编制的银行存款余额调节表应附在单位当月记账凭证的首页前，与记账凭证及所附原始凭证装订在一起，以便以后审计查账。

四、任务实施

（一）操作流程

序号	操作步骤	角色	注意事项
1	进行对账	出纳李华	
2	确认未达账项	出纳李华	
3	编制银行存款余额调节表	出纳李华	

（二）具体步骤

（1）出纳李华进行对账。

（2）确认未达账项，分别为：

① 银行存款计息 980.00＋收到销货款 55 760 元，属银行已收，企业未收；

② 销货款 121 680.00 元，属企业已收，银行未收；

③ 委托收款（支付房租）9 920.00 元，属银行已付，企业未付；

④ 支付材料款 114 660.00 元，属企业已付，银行未付。

（3）编制银行存款余额调节表，如表 5-5 所示。

表 5-5　银行存款余额调节表

银行存款余额调节表

企业名称：天津市通达有限责任公司　　　　　　　　　　日期：2017 年 03 月 31 日

开户行及账号：中国银行天津市人民路支行　　48976326922　　　　金额单位：元

项目	金额	项目	金额
企业银行存款日记账余额	394 780.00	银行对账单余额	434 580.00
加：银行已收、企业未收款	56 740.00	加：企业已收、银行未收款	121 680.00
减：银行已付、企业未付款	9 920.00	减：企业已付、银行未付款	114 660.00
调节后的存款余额	441 600.00	调节后的存款余额	441 600.00

附 录

人民币银行结算账户管理办法

第一章 总则

第一条 为规范人民币银行结算账户（以下简称银行结算账户）的开立和使用，加强银行结算账户管理，维护经济金融秩序稳定，根据《中华人民共和国中国人民银行法》和《中华人民共和国商业银行法》等法律法规，制定本办法。

第二条 存款人在中国境内的银行开立的银行结算账户适用本办法。

本办法所称存款人，是指在中国境内开立银行结算账户的机关、团体、部队、企业、事业单位、其他组织（以下统称单位），个体工商户和自然人。

本办法所称银行，是指在中国境内经中国人民银行批准经营支付结算业务的政策性银行，商业银行（含外资独资银行、中外合资银行、外国银行分行），城市信用合作社，农村信用合作社。

本办法所称银行结算账户，是指银行为存款人开立的办理资金收付结算的人民币活期存款账户。

第三条 银行结算账户按存款人分为单位银行结算账户和个人银行结算账户。

（一）存款人以单位名称开立的银行结算账户为单位银行结算账户。单位银行结算账户按用途分为基本存款账户、一般存款账户、专用存款账户、临时存款账户。

个体工商户凭营业执照以字号或经营者姓名开立的银行结算账户纳入单位银行结算账户管理。

（二）存款人凭个人身份证件以自然人名称开立的银行结算账户为个人银行结算账户。邮政储蓄机构办理银行卡业务开立的账户纳入个人银行结算账户管理。

第四条 单位银行结算账户的存款人只能在银行开立一个基本存款账户。

第五条 存款人应在注册地或住所地开立银行结算账户。符合本办法规定可以在异地（跨省、市、县）开立银行结算账户的除外。

第六条 存款人开立基本存款账户、临时存款账户和预算单位开立专用存款账户实行核准制度，经中国人民银行核准后由开户银行核发开户登记证。但存款人因注册验资需要开立的临时存款账户除外。

第七条 存款人可以自主选择银行开立银行结算账户。除国家法律、行政法规和国务院规定外，任何单位和个人不得强令存款人到指定银行开立银行结算账户。

第八条 银行结算账户的开立和使用应当遵守法律、行政法规，不得利用银行结算账户进行偷逃税款、逃废债务、套取现金及其他违法犯罪活动。

第九条 银行应依法为存款人的银行结算账户信息保密。对单位银行结算账户的存款和有关资料，除国家法律、行政法规另有规定外，银行有权拒绝任何单位或个人查询。对个人银行结算账户的存款和有关资料，除国家法律另有规定外，银行有权拒绝任何单位或个人查询。

第十条 中国人民银行是银行结算账户的监督管理部门。

第二章 银行结算账户的开立

第十一条 基本存款账户是存款人因办理日常转账结算和现金收付需要开立的银行结算账户。下列存款人，可以申请开立基本存款账户：

（一）企业法人。

（二）非法人企业。

（三）机关、事业单位。

（四）团级（含）以上军队、武警部队及分散执勤的支（分）队。

（五）社会团体。

（六）民办非企业组织。

（七）异地常设机构。

（八）外国驻华机构。

（九）个体工商户。

（十）居民委员会、村民委员会、社区委员会。

（十一）单位设立的独立核算的附属机构。

（十二）其他组织。

第十二条 一般存款账户是存款人因借款或其他结算需要，在基本存款账户开户银行以外的银行营业机构开立的银行结算账户。

第十三条 专用存款账户是存款人按照法律、行政法规和规章，对其特定用途资金进行专项管理和使用而开立的银行结算账户。对下列资金的管理与使用，存款人可以申请开立专用存款账户：

（一）基本建设资金。

（二）更新改造资金。

（三）财政预算外资金。

（四）粮、棉、油收购资金。

（五）证券交易结算资金。

（六）期货交易保证金。

（七）信托基金。

（八）金融机构存放同业资金。

（九）政策性房地产开发资金。

（十）单位银行卡备用金。

（十一）住房基金。

（十二）社会保障基金。

（十三）收入汇缴资金和业务支出资金。

（十四）党、团、工会设在单位的组织机构经费。

（十五）其他需要专项管理和使用的资金。

收入汇缴资金和业务支出资金，是指基本存款账户存款人附属的非独立核算单位或派出机构发生的收入和支出的资金。

因收入汇缴资金和业务支出资金开立的专用存款账户，应使用隶属单位的名称。

第十四条　临时存款账户是存款人因临时需要并在规定期限内使用而开立的银行结算账户。有下列情况的，存款人可以申请开立临时存款账户：

（一）设立临时机构。

（二）异地临时经营活动。

（三）注册验资。

第十五条　个人银行结算账户是自然人因投资、消费、结算等而开立的可办理支付结算业务的存款账户。有下列情况的，可以申请开立个人银行结算账户：

（一）使用支票、信用卡等信用支付工具的。

（二）办理汇兑、定期借记、定期贷记、借记卡等结算业务的。

自然人可根据需要申请开立个人银行结算账户，也可以在已开立的储蓄账户中选择并向开户银行申请确认为个人银行结算账户。

第十六条　存款人有下列情形之一的，可以在异地开立有关银行结算账户：

（一）营业执照注册地与经营地不在同一行政区域（跨省、市、县）需要开立基本存款账户的。

（二）办理异地借款和其他结算需要开立一般存款账户的。

（三）存款人因附属的非独立核算单位或派出机构发生的收入汇缴或业务支出需要开立专用存款账户的。

（四）异地临时经营活动需要开立临时存款账户的。

（五）自然人根据需要在异地开立个人银行结算账户的。

第十七条　存款人申请开立基本存款账户，应向银行出具下列证明文件：

（一）企业法人，应出具企业法人营业执照正本。

（二）非法人企业，应出具企业营业执照正本。

（三）机关和实行预算管理的事业单位，应出具政府人事部门或编制委员会的批文或登记证书和财政部门同意其开户的证明；非预算管理的事业单位，应出具政府人事部门或编制委员会的批文或登记证书。

（四）军队、武警团级（含）以上单位以及分散执勤的支（分）队，应出具军队军级以上单位财务部门、武警总队财务部门的开户证明。

（五）社会团体，应出具社会团体登记证书，宗教组织还应出具宗教事务管理部门的批文或证明。

（六）民办非企业组织，应出具民办非企业登记证书。

（七）外地常设机构，应出具其驻在地政府主管部门的批文。

（八）外国驻华机构，应出具国家有关主管部门的批文或证明；外资企业驻华代表处、办事处应出具国家登记机关颁发的登记证。

（九）个体工商户，应出具个体工商户营业执照正本。

（十）居民委员会、村民委员会、社区委员会，应出具其主管部门的批文或证明。

（十一）独立核算的附属机构，应出具其主管部门的基本存款账户开户登记证和批文。

（十二）其他组织，应出具政府主管部门的批文或证明。

本条中的存款人为从事生产、经营活动纳税人的，还应出具税务部门颁发的税务登记证。

第十八条　存款人申请开立一般存款账户，应向银行出具其开立基本存款账户规定的证明文件、基本存款账户开户登记证和下列证明文件：

（一）存款人因向银行借款需要，应出具借款合同。

（二）存款人因其他结算需要，应出具有关证明。

第十九条　存款人申请开立专用存款账户，应向银行出具其开立基本存款账户规定的证明文件、基本存款账户开户登记证和下列证明文件：

（一）基本建设资金、更新改造资金、政策性房地产开发资金、住房基金、社会保障基金，应出具主管部门批文。

（二）财政预算外资金，应出具财政部门的证明。

（三）粮、棉、油收购资金，应出具主管部门批文。

（四）单位银行卡备用金，应按照中国人民银行批准的银行卡章程的规定出具有关证明和资料。

（五）证券交易结算资金，应出具证券公司或证券管理部门的证明。

（六）期货交易保证金，应出具期货公司或期货管理部门的证明。

（七）金融机构存放同业资金，应出具其证明。

（八）收入汇缴资金和业务支出资金，应出具基本存款账户存款人有关的证明。

（九）党、团、工会设在单位的组织机构经费，应出具该单位或有关部门的批文或证明。

（十）其他按规定需要专项管理和使用的资金，应出具有关法规、规章或政府部门的有关文件。

第二十条 合格境外机构投资者在境内从事证券投资开立的人民币特殊账户和人民币结算资金账户纳入专用存款账户管理。其开立人民币特殊账户时应出具国家外汇管理部门的批复文件，开立人民币结算资金账户时应出具证券管理部门的证券投资业务许可证。

第二十一条 存款人申请开立临时存款账户，应向银行出具下列证明文件：

（一）临时机构，应出具其驻在地主管部门同意设立临时机构的批文。

（二）异地建筑施工及安装单位，应出具其营业执照正本或其隶属单位的营业执照正本，以及施工及安装地建设主管部门核发的许可证或建筑施工及安装合同。

（三）异地从事临时经营活动的单位，应出具其营业执照正本以及临时经营地工商行政管理部门的批文。

（四）注册验资资金，应出具工商行政管理部门核发的企业名称预先核准通知书或有关部门的批文。

本条第二、三项还应出具其基本存款账户开户登记证。

第二十二条 存款人申请开立个人银行结算账户，应向银行出具下列证明文件：

（一）中国居民，应出具居民身份证或临时身份证。

（二）中国人民解放军军人，应出具军人身份证件。

（三）中国人民武装警察，应出具武警身份证件。

（四）香港、澳门居民，应出具港澳居民往来内地通行证；台湾居民，应出具台湾居民来往大陆通行证或者其他有效旅行证件。

（五）外国公民，应出具护照。

（六）法律、法规和国家有关文件规定的其他有效证件。

银行为个人开立银行结算账户时，根据需要还可要求申请人出具户口簿、驾驶执照、护照等有效证件。

第二十三条 存款人需要在异地开立单位银行结算账户，除出具本办法第十七条、十八条、十九条、二十一条规定的有关证明文件外，应出具下列相应的证明文件：

（一）经营地与注册地不在同一行政区域的存款人，在异地开立基本存款账户的，应出具注册地中国人民银行分支行的未开立基本存款账户的证明。

（二）异地借款的存款人，在异地开立一般存款账户的，应出具在异地取得贷款的借款合同。

（三）因经营需要在异地办理收入汇缴和业务支出的存款人，在异地开立专用存款账户的，应出具隶属单位的证明。

属本条第二、三项情况的，还应出具其基本存款账户开户登记证。

存款人需要在异地开立个人银行结算账户，应出具本办法第二十二条规定的证明文件。

第二十四条　单位开立银行结算账户的名称应与其提供的申请开户的证明文件的名称全称相一致。有字号的个体工商户开立银行结算账户的名称应与其营业执照的字号相一致；无字号的个体工商户开立银行结算账户的名称，由"个体户"字样和营业执照记载的经营者姓名组成。自然人开立银行结算账户的名称应与其提供的有效身份证件中的名称全称相一致。

第二十五条　银行为存款人开立一般存款账户、专用存款账户和临时存款账户的，应自开户之日起 3 个工作日内书面通知基本存款账户开户银行。

第二十六条　存款人申请开立单位银行结算账户时，可由法定代表人或单位负责人直接办理，也可授权他人办理。

由法定代表人或单位负责人直接办理的，除出具相应的证明文件外，还应出具法定代表人或单位负责人的身份证件；授权他人办理的，除出具相应的证明文件外，还应出具其法定代表人或单位负责人的授权书及其身份证件，以及被授权人的身份证件。

第二十七条　存款人申请开立银行结算账户时，应填制开户申请书。开户申请书按照中国人民银行的规定记载有关事项。

第二十八条　银行应对存款人的开户申请书填写的事项和证明文件的真实性、完整性、合规性进行认真审查。

开户申请书填写的事项齐全，符合开立基本存款账户、临时存款账户和预算单位专用存款账户条件的，银行应将存款人的开户申请书、相关的证明文件和银行审核意见等开户资料报送中国人民银行当地分支行，经其核准后办理开户手续；符合开立一般存款账户、其他专用存款账户和个人银行结算账户条件的，银行应办理开户手续，并于开户之日起 5 个工作日内向中国人民银行当地分支行备案。

第二十九条　中国人民银行应于 2 个工作日内对银行报送的基本存款账户、临时存款账户和预算单位专用存款账户的开户资料的合规性予以审核，符合开户条件的，予以核准；不符合开户条件的，应在开户申请书上签署意见，连同有关证明文件一并退回报送银行。

第三十条　银行为存款人开立银行结算账户，应与存款人签订银行结算账户管理协议，明确双方的权利与义务。除中国人民银行另有规定的以外，应建立存款人预留签章卡片，并将签章式样和有关证明文件的原件或复印件留存归档。

第三十一条　开户登记证是记载单位银行结算账户信息的有效证明，存款人应按本办法的规定使用，并妥善保管。

第三十二条　银行在为存款人开立一般存款账户、专用存款账户和临时存款账户时，应在其基本存款账户开户登记证上登记账户名称、账号、账户性质、开户银行、开户日期，并签章。但临时机构和注册验资需要开立的临时存款账户除外。

第三章　银行结算账户的使用

第三十三条　基本存款账户是存款人的主办账户。存款人日常经营活动的资金收付及其工资、奖金和现金的支取，应通过该账户办理。

第三十四条　一般存款账户用于办理存款人借款转存、借款归还和其他结算的资金收付。该账户可以办理现金缴存，但不得办理现金支取。

第三十五条　专用存款账户用于办理各项专用资金的收付。

单位银行卡账户的资金必须由其基本存款账户转账存入。该账户不得办理现金收付业务。

财政预算外资金、证券交易结算资金、期货交易保证金和信托基金专用存款账户不得支取现金。

基本建设资金、更新改造资金、政策性房地产开发资金、金融机构存放同业资金账户需要支取现金的，应在开户时报中国人民银行当地分支行批准。中国人民银行当地分支行应根据国家现金管理的规定审查批准。

粮、棉、油收购资金、社会保障基金、住房基金和党、团、工会经费等专用存款账户支取现金应按照国家现金管理的规定办理。

收入汇缴账户除向其基本存款账户或预算外资金财政专用存款户划缴款项外，只收不付，不得支取现金。业务支出账户除从其基本存款账户拨入款项外，只付不收，其现金支取必须按照国家现金管理的规定办理。

银行应按照本条的各项规定和国家对粮、棉、油收购资金使用管理规定加强监督，对不符合规定的资金收付和现金支取，不得办理。但对其他专用资金的使用不负监督责任。

第三十六条　临时存款账户用于办理临时机构以及存款人临时经营活动发生的资金收付。

临时存款账户应根据有关开户证明文件确定的期限或存款人的需要确定其有效期限。存款人在账户的使用中需要延长期限的，应在有效期限内向开户银行提出申请，并由开户银行报中国人民银行当地分支行核准后办理展期。临时存款账户的有效期最长不得超过2年。

临时存款账户支取现金，应按照国家现金管理的规定办理。

第三十七条　注册验资的临时存款账户在验资期间只收不付，注册验资资金的汇缴人应与出资人的名称一致。

第三十八条　存款人开立单位银行结算账户，自正式开立之日起3个工作日后，方可办理付款业务。但注册验资的临时存款账户转为基本存款账户和因借款转存开立的一般存款账户除外。

第三十九条　个人银行结算账户用于办理个人转账收付和现金存取。下列款项可以转入个人银行结算账户：

（一）工资、奖金收入。

（二）稿费、演出费等劳务收入。

（三）债券、期货、信托等投资的本金和收益。

（四）个人债权或产权转让收益。

（五）个人贷款转存。

（六）证券交易结算资金和期货交易保证金。

（七）继承、赠与款项。

（八）保险理赔、保费退还等款项。

（九）纳税退还。

（十）农、副、矿产品销售收入。

（十一）其他合法款项。

第四十条 单位从其银行结算账户支付给个人银行结算账户的款项，每笔超过5万元的，应向其开户银行提供下列付款依据：

（一）代发工资协议和收款人清单。

（二）奖励证明。

（三）新闻出版、演出主办等单位与收款人签订的劳务合同或支付给个人款项的证明。

（四）证券公司、期货公司、信托投资公司、奖券发行或承销部门支付或退还给自然人款项的证明。

（五）债权或产权转让协议。

（六）借款合同。

（七）保险公司的证明。

（八）税收征管部门的证明。

（九）农、副、矿产品购销合同。

（十）其他合法款项的证明。

从单位银行结算账户支付给个人银行结算账户的款项应纳税的，税收代扣单位付款时应向其开户银行提供完税证明。

第四十一条 有下列情形之一的，个人应出具本办法第四十条规定的有关收款依据。

（一）个人持出票人为单位的支票向开户银行委托收款，将款项转入其个人银行结算账户的。

（二）个人持申请人为单位的银行汇票和银行本票向开户银行提示付款，将款项转入其个人银行结算账户的。

第四十二条 单位银行结算账户支付给个人银行结算账户款项的，银行应按第四十条、第四十一条规定认真审查付款依据或收款依据的原件，并留存复印件，按会计档案保管。未提供相关依据或相关依据不符合规定的，银行应拒绝办理。

第四十三条 储蓄账户仅限于办理现金存取业务，不得办理转账结算。

第四十四条 银行应按规定与存款人核对账务。银行结算账户的存款人收到对账单或对账信息后，应及时核对账务并在规定期限内向银行发出对账回单或确认信息。

第四十五条 存款人应按照本办法的规定使用银行结算账户办理结算业务。

存款人不得出租、出借银行结算账户，不得利用银行结算账户套取银行信用。

第四章 银行结算账户的变更与撤销

第四十六条 存款人更改名称，但不改变开户银行及账号的，应于 5 个工作日内向开户银行提出银行结算账户的变更申请，并出具有关部门的证明文件。

第四十七条 单位的法定代表人或主要负责人、住址以及其他开户资料发生变更时，应于 5 个工作日内书面通知开户银行并提供有关证明。

第四十八条 银行接到存款人的变更通知后，应及时办理变更手续，并于 2 个工作日内向中国人民银行报告。

第四十九条 有下列情形之一的，存款人应向开户银行提出撤销银行结算账户的申请：

（一）被撤并、解散、宣告破产或关闭的。

（二）注销、被吊销营业执照的。

（三）因迁址需要变更开户银行的。

（四）其他原因需要撤销银行结算账户的。

存款人有本条第一、二项情形的，应于 5 个工作日内向开户银行提出撤销银行结算账户的申请。

本条所称撤销是指存款人因开户资格或其他原因终止银行结算账户使用的行为。

第五十条 存款人因本办法第四十九条第一、二项原因撤销基本存款账户的，存款人基本存款账户的开户银行应自撤销银行结算账户之日起 2 个工作日内将撤销该基本存款账户的情况书面通知该存款人其他银行结算账户的开户银行；存款人其他银行结算账户的开户银行，应自收到通知之日起 2 个工作日内通知存款人撤销有关银行结算账户；存款人应自收到通知之日起 3 个工作日内办理其他银行结算账户的撤销。

第五十一条 银行得知存款人有本办法第四十九条第一、二项情况，存款人超过规定期限未主动办理撤销银行结算账户手续的，银行有权停止其银行结算账户的对外支付。

第五十二条 未获得工商行政管理部门核准登记的单位，在验资期满后，应向银行申请撤销注册验资临时存款账户，其账户资金应退还给原汇款人账户。注册验资资金以现金方式存入，出资人需提取现金的，应出具缴存现金时的现金缴款单原件及其有效身份证件。

第五十三条 存款人尚未清偿其开户银行债务的，不得申请撤销该账户。

第五十四条 存款人撤销银行结算账户，必须与开户银行核对银行结算账户存款余额，交回各种重要空白票据及结算凭证和开户登记证，银行核对无误后方可办理销户手续。存款人未按规定交回各种重要空白票据及结算凭证的，应出具有关证明，造成损失的，由其自行承担。

第五十五条 银行撤销单位银行结算账户时，应在其基本存款账户开户登记证上注明销户日期并签章，同时于撤销银行结算账户之日起 2 个工作日内，向中国人民银行报告。

第五十六条 银行对一年未发生收付活动且未欠开户银行债务的单位银行结算账户，应通知单位自发出通知之日起 30 日内办理销户手续，逾期视同自愿销户，未划转款项列入久悬未取专户管理。

第五章 银行结算账户的管理

第五十七条 中国人民银行负责监督、检查银行结算账户的开立和使用，对存款人、银行违反银行结算账户管理规定的行为予以处罚。

第五十八条 中国人民银行对银行结算账户的开立和使用实施监控和管理。

第五十九条 中国人民银行负责基本存款账户、临时存款账户和预算单位专用存款账户开户登记证的管理。

任何单位及个人不得伪造、变造及私自印制开户登记证。

第六十条 银行负责所属营业机构银行结算账户开立和使用的管理，监督和检查其执行本办法的情况，纠正违规开立和使用银行结算账户的行为。

第六十一条 银行应明确专人负责银行结算账户的开立、使用和撤销的审查和管理，负责对存款人开户申请资料的审查，并按照本办法的规定及时报送存款人开销户信息资料，建立健全开销户登记制度，建立银行结算账户管理档案，按会计档案进行管理。

银行结算账户管理档案的保管期限为银行结算账户撤销后 10 年。

第六十二条 银行应对已开立的单位银行结算账户实行年检制度，检查开立的银行结算账户的合规性，核实开户资料的真实性；对不符合本办法规定开立的单位银行结算账户，应予以撤销。对经核实的各类银行结算账户的资料变动情况，应及时报告中国人民银行当地分支行。

银行应对存款人使用银行结算账户的情况进行监督，对存款人的可疑支付应按照中国人民银行规定的程序及时报告。

第六十三条 存款人应加强对预留银行签章的管理。单位遗失预留公章或财务专用章的，应向开户银行出具书面申请、开户登记证、营业执照等相关证明文件；更换预留公章或财务专用章时，应向开户银行出具书面申请、原预留签章的式样等相关证明文件。个人遗失或更换预留个人印章或更换签字人时，应向开户银行出具经签名确认的书面申请，以及原预留印章或签字人的个人身份证件。银行应留存相应的复印件，并凭以办理预留银行签章的变更。

第六章 罚则

第六十四条 存款人开立、撤销银行结算账户，不得有下列行为：

（一）违反本办法规定开立银行结算账户。

（二）伪造、变造证明文件欺骗银行开立银行结算账户。

（三）违反本办法规定不及时撤销银行结算账户。

非经营性的存款人，有上述所列行为之一的，给予警告并处以 1 000 元的罚款；经营性的存款人有上述所列行为之一的，给予警告并处以 1 万元以上 3 万元以下的罚款；构成犯罪的，移交司法机关依法追究刑事责任。

第六十五条　存款人使用银行结算账户，不得有下列行为：

（一）违反本办法规定将单位款项转入个人银行结算账户。

（二）违反本办法规定支取现金。

（三）利用开立银行结算账户逃废银行债务。

（四）出租、出借银行结算账户。

（五）从基本存款账户之外的银行结算账户转账存入、将销货收入存入或现金存入单位信用卡账户。

（六）法定代表人或主要负责人、存款人地址以及其他开户资料的变更事项未在规定期限内通知银行。

非经营性的存款人有上述所列一至五项行为的，给予警告并处以 1 000 元罚款；经营性的存款人有上述所列一至五项行为的，给予警告并处以 5 000 元以上 3 万元以下的罚款；存款人有上述所列第六项行为的，给予警告并处以 1 000 元的罚款。

第六十六条　银行在银行结算账户的开立中，不得有下列行为：

（一）违反本办法规定为存款人多头开立银行结算账户。

（二）明知或应知是单位资金，而允许以自然人名称开立账户存储。

银行有上述所列行为之一的，给予警告，并处以 5 万元以上 30 万元以下的罚款；对该银行直接负责的高级管理人员、其他直接负责的主管人员、直接责任人员按规定给予纪律处分；情节严重的，中国人民银行有权停止对其开立基本存款账户的核准，责令该银行停业整顿或者吊销经营金融业务许可证；构成犯罪的，移交司法机关依法追究刑事责任。

第六十七条　银行在银行结算账户的使用中，不得有下列行为：

（一）提供虚假开户申请资料欺骗中国人民银行许可开立基本存款账户、临时存款账户、预算单位专用存款账户。

（二）开立或撤销单位银行结算账户，未按本办法规定在其基本存款账户开户登记证上予以登记、签章或通知相关开户银行。

（三）违反本办法第四十二条规定办理个人银行结算账户转账结算。

（四）为储蓄账户办理转账结算。

（五）违反规定为存款人支付现金或办理现金存入。

（六）超过期限或未向中国人民银行报送账户开立、变更、撤销等资料。

银行有上述所列行为之一的，给予警告，并处以 5 000 元以上 3 万元以下的罚款；对该银行直接负责的高级管理人员、其他直接负责的主管人员、直接责任人员按规定给予纪律处分；情节严重的，中国人民银行有权停止对其开立基本存款账户的核准，构成犯罪的，移交司法机关依法追究刑事责任。

第六十八条 违反本办法规定，伪造、变造、私自印制开户登记证的存款人，属非经营性的处以 1 000 元罚款；属经营性的处以 1 万元以上 3 万元以下的罚款；构成犯罪的，移交司法机关依法追究刑事责任。

第七章 附则

第六十九条 开户登记证由中国人民银行总行统一式样，中国人民银行各分行、营业管理部、省会（首府）城市中心支行负责监制。

第七十条 本办法由中国人民银行负责解释、修改。

第七十一条 本办法自 2003 年 9 月 1 日起施行。1994 年 10 月 9 日中国人民银行发布的《银行账户管理办法》同时废止。

中华人民共和国现金管理暂行条例

（1988 年 9 月 8 日中华人民共和国国务院令第 12 号发布 根据 2011 年 1 月 8 日《国务院关于废止和修改部分行政法规的决定》修订）

第一章 总则

第一条 为改善现金管理，促进商品生产和流通，加强对社会经济活动的监督，制定本条例。

第二条 凡在银行和其他金融机构（以下简称开户银行）开立账户的机关、团体、部队、企业、事业单位和其他单位（以下简称开户单位），必须依照本条例的规定收支和使用现金，接受开户银行的监督。

国家鼓励开户单位和个人在经济活动中采取转账方式进行结算，减少使用现金。

第三条 开户单位之间的经济往来，除按本条例规定的范围可以使用现金外，应当通过开户银行进行转账结算。

第四条 各级人民银行应当严格履行金融主管机关的职责，负责对开户银行的现金管理进行监督和稽核。

开户银行依照本条例和中国人民银行的规定，负责现金管理的具体实施，对开户单位收支、使用现金进行监督管理。

第二章　现金管理和监督

第五条　开户单位可以在下列范围内使用现金：

（一）职工工资、津贴；

（二）个人劳务报酬；

（三）根据国家规定颁发给个人的科学技术、文化艺术、体育等各种奖金；

（四）各种劳保、福利费用以及国家规定的对个人的其他支出；

（五）向个人收购农副产品和其他物资的价款；

（六）出差人员必须随身携带的差旅费；

（七）结算起点以下的零星支出；

（八）中国人民银行确定需要支付现金的其他支出。

前款结算起点定为 1 000 元。结算起点的调整，由中国人民银行确定，报国务院备案。

第六条　除本条例第五条第（五）、（六）项外，开户单位支付给个人的款项，超过使用现金限额的部分，应当以支票或者银行本票支付；确需全额支付现金的，经开户银行审核后，予以支付现金。

前款使用现金限额，按本条例第五条第二款的规定执行。

第七条　转账结算凭证在经济往来中，具有同现金相同的支付能力。

开户单位在销售活动中，不得对现金结算给予比转账结算优惠待遇；不得拒收支票、银行汇票和银行本票。

第八条　机关、团体、部队、全民所有制和集体所有制企业事业单位购置国家规定的专项控制商品，必须采取转账结算方式，不得使用现金。

第九条　开户银行应当根据实际需要，核定开户单位 3 天至 5 天的日常零星开支所需的库存现金限额。

边远地区和交通不便地区的开户单位的库存现金限额，可以多于 5 天，但不得超过 15 天的日常零星开支。

第十条　经核定的库存现金限额，开户单位必须严格遵守。需要增加或者减少库存现金限额的，应当向开户银行提出申请，由开户银行核定。

第十一条　开户单位现金收支应当依照下列规定办理：

（一）开户单位现金收入应当于当日送存开户银行。当日送存确有困难的，由开户银行确定送存时间；

（二）开户单位支付现金，可以从本单位库存现金限额中支付或者从开户银行提取，不得从本单位的现金收入中直接支付（即坐支）。因特殊情况需要坐支现金的，应当事先报经开户银行审查批准，由开户银行核定坐支范围和限额。坐支单位应当定期向开户银行报送坐支金额和使用情况；

（三）开户单位根据本条例第五条和第六条的规定，从开户银行提取现金，应当写明用途，由本单位财会部门负责人签字盖章，经开户银行审核后，予以支付现金；

（四）因采购地点不固定，交通不便，生产或者市场急需，抢险救灾以及其他特殊情况必须使用现金的，开户单位应当向开户银行提出申请，由本单位财会部门负责人签字盖章，经开户银行审核后，予以支付现金。

第十二条　开户单位应当建立健全现金账目，逐笔记载现金支付。账目应当日清月结，账款相符。

第十三条　对个体工商户、农村承包经营户发放的贷款，应当以转账方式支付。对确需在集市使用现金购买物资的，经开户银行审核后，可以在贷款金额内支付现金。

第十四条　在开户银行开户的个体工商户、农村承包经营户异地采购所需货款，应当通过银行汇兑方式支付。因采购地点不固定，交通不便必须携带现金的，由开户银行根据实际需要，予以支付现金。

未在开户银行开户的个体工商户、农村承包经营户异地采购所需货款，可以通过银行汇兑方式支付。凡加盖"现金"字样的结算凭证，汇入银行必须保证支付现金。

第十五条　具备条件的银行应当接受开户单位的委托，开展代发工资、转存储蓄业务。

第十六条　为保证开户单位的现金收入及时送存银行，开户银行必须按照规定做好现金收款工作，不得随意缩短收款时间。大中城市和商业比较集中的地区，应当建立非营业时间收款制度。

第十七条　开户银行应当加强柜台审查，定期和不定期地对开户单位现金收支情况进行检查，并按规定向当地人民银行报告现金管理情况。

第十八条　一个单位在几家银行开户的，由一家开户银行负责现金管理工作，核定开户单位库存现金限额。

各金融机构的现金管理分工，由中国人民银行确定。有关现金管理分工的争议，由当地人民银行协调、裁决。

第十九条　开户银行应当建立健全现金管理制度，配备专职人员，改进工作作风，改善服务设施。现金管理工作所需经费应当在开户银行业务费中解决。

第三章　法律责任

第二十条　开户单位有下列情形之一的，开户银行应当依照中国人民银行的规定，责令其停止违法活动，并可根据情节轻重处以罚款：

（一）超出规定范围、限额使用现金的；

（二）超出核定的库存现金限额留存现金的。（2011 年 1 月 8 日删除）

第二十一条　开户单位有下列情形之一的，开户银行应当依照中国人民银行的规定，予以警告或者罚款；情节严重的，可在一定期限内停止对该单位的贷款或者停止对该单位的现金支付：

（一）对现金结算给予比转账结算优惠待遇的；

（二）拒收支票、银行汇票和银行本票的；

（三）违反本条例第八条规定，不采取转账结算方式购置国家规定的专项控制商品的；

（四）用不符合财务会计制度规定的凭证顶替库存现金的；

（五）用转账凭证套换现金的；

（六）编造用途套取现金的；

（七）互相借用现金的；

（八）利用账户替其他单位和个人套取现金的；

（九）将单位的现金收入按个人储蓄方式存入银行的；

（十）保留账外公款的；

（十一）未经批准坐支或者未按开户银行核定的坐支范围和限额坐支现金的。（2011年1月8日删除）

第二十二条　开户单位对开户银行作出的处罚决定不服的，必须首先按照处罚决定执行，然后可在10日内向开户银行的同级人民银行申请复议。同级人民银行应当在收到复议申请之日起30日内作出复议决定。开户单位对复议决定不服的，可以在收到复议决定之日起30日内向人民法院起诉。（2011年1月8日删除）

第二十三条　银行工作人员违反本条例规定，徇私舞弊、贪污受贿、玩忽职守、纵容违法行为的，应当根据情节轻重，给予行政处分和经济处罚；构成犯罪的，由司法机关依法追究刑事责任。

第四章　附则

第二十四条　本条例由中国人民银行负责解释；施行细则由中国人民银行制定。

第二十五条　本条例自1988年10月1日起施行。1977年11月28日发布的《国务院关于实行现金管理的决定》同时废止。

中华人民共和国票据法

（1995年5月10日第八届全国人民代表大会常务委员会第十三次会议通过。根据2004年8月28日第十届全国人民代表大会常务委员会第十一次会议《关于修改〈中华人民共和国票据法〉的决定》修正）

第一章　总则

第一条　为了规范票据行为，保障票据活动中当事人的合法权益，维护社会经济秩序，促进社会主义市场经济的发展，制定本法。

第二条　在中华人民共和国境内的票据活动，适用本法。

本法所称票据，是指汇票、本票和支票。

第三条　票据活动应当遵守法律、行政法规，不得损害社会公共利益。

第四条　票据出票人制作票据，应当按照法定条件在票据上签章，并按照所记载的事项承担票据责任。

持票人行使票据权利，应当按照法定程序在票据上签章，并出示票据。

其他票据债务人在票据上签章的，按照票据所记载的事项承担票据责任。

本法所称票据权利，是指持票人向票据债务人请求支付票据金额的权利，包括付款请求权和追索权。

本法所称票据责任，是指票据债务人向持票人支付票据金额的义务。

第五条　票据当事人可以委托其代理人在票据上签章，并应当在票据上表明其代理关系。

没有代理权而以代理人名义在票据上签章的，应当由签章人承担票据责任；代理人超越代理权限的，应当就其超越权限的部分承担票据责任。

第六条　无民事行为能力人或者限制民事行为能力人在票据上签章的，其签章无效，但是不影响其他签章的效力。

第七条　票据上的签章，为签名、盖章或者签名加盖章。

法人和其他使用票据的单位在票据上的签章，为该法人或者该单位的盖章加其法定代表人或者其授权的代理人的签章。

在票据上的签名，应当为该当事人的本名。

第八条　票据金额以中文大写和数码同时记载，二者必须一致，二者不一致的，票据无效。

第九条　票据上的记载事项必须符合本法的规定。

票据金额、日期、收款人名称不得更改，更改的票据无效。

对票据上的其他记载事项，原记载人可以更改，更改时应当由原记载人签章证明。

第十条　票据的签发、取得和转让，应当遵循诚实信用的原则，具有真实的交易关系和债权债务关系。

票据的取得，必须给付对价，即应当给付票据双方当事人认可的相对应的代价。

第十一条　因税收、继承、赠与可以依法无偿取得票据的，不受给付对价的限制。但是，所享有的票据权利不得优于其前手的权利。

前手是指在票据签章人或者持票人之前签章的其他票据债务人。

第十二条　以欺诈、偷盗或者胁迫等手段取得票据的，或者明知有前列情形，出于恶意取得票据的，不得享有票据权利。

持票人因重大过失取得不符合本法规定的票据的，也不得享有票据权利。

第十三条 票据债务人不得以自己与出票人或者与持票人的前手之间的抗辩事由，对抗持票人。但是，持票人明知存在抗辩事由而取得票据的除外。

票据债务人可以对不履行约定义务的与自己有直接债权债务关系的持票人，进行抗辩。

本法所称抗辩，是指票据债务人根据本法规定对票据债权人拒绝履行义务的行为。

第十四条 票据上的记载事项应当真实，不得伪造、变造。伪造、变造票据上的签章和其他记载事项的，应当承担法律责任。

票据上有伪造、变造的签章的，不影响票据上其他真实签章的效力。

票据上其他记载事项被变造的，在变造之前签章的人，对原记载事项负责；在变造之后签章的人，对变造之后的记载事项负责；不能辨别是在票据被变造之前或者之后签章的，视同在变造之前签章。

第十五条 票据丧失，失票人可以及时通知票据的付款人挂失止付，但是，未记载付款人或者无法确定付款人及其代理付款人的票据除外。

收到挂失止付通知的付款人，应当暂停支付。

失票人应当在通知挂失止付后三日内，也可以在票据丧失后，依法向人民法院申请公示催告，或者向人民法院提起诉讼。

第十六条 持票人对票据债务人行使票据权利，或者保全票据权利，应当在票据当事人的营业场所和营业时间内进行，票据当事人无营业场所的，应当在其住所进行。

第十七条 票据权利在下列期限内不行使而消灭：

（一）持票人对票据的出票人和承兑人的权利，自票据到期日起二年；见票即付的汇票、本票，自出票日起二年；

（二）持票人对支票出票人的权利，自出票日起六个月；

（三）持票人对前手的追索权，自被拒绝承兑或者被拒绝付款之日起六个月；

（四）持票人对前手的再追索权，自清偿日或者被提起诉讼之日起三个月。

票据的出票日、到期日由票据当事人依法确定。

第十八条 持票人因超过票据权利时效或者因票据记载事项欠缺而丧失票据权利的，仍享有民事权利，可以请求出票人或者承兑人返还其与未支付的票据金额相当的利益。

第二章　汇票

第一节　出票

第十九条 汇票是出票人签发的，委托付款人在见票时或者在指定日期无条件支付确定的金额给收款人或者持票人的票据。

汇票分为银行汇票和商业汇票。

第二十条 出票是指出票人签发票据并将其交付给收款人的票据行为。

第二十一条 汇票的出票人必须与付款人具有真实的委托付款关系，并且具有支付汇票金额的可靠资金来源。

不得签发无对价的汇票用以骗取银行或者其他票据当事人的资金。

第二十二条　汇票必须记载下列事项：

（一）表明"汇票"的字样；

（二）无条件支付的委托；

（三）确定的金额；

（四）付款人名称；

（五）收款人名称；

（六）出票日期；

（七）出票人签章。

汇票上未记载前款规定事项之一的，汇票无效。

第二十三条　汇票上记载付款日期、付款地、出票地等事项的，应当清楚、明确。

汇票上未记载付款日期的，为见票即付。

汇票上未记载付款地的，付款人的营业场所、住所或者经常居住地为付款地。

汇票上未记载出票地的，出票人的营业场所、住所或者经常居住地为出票地。

第二十四条　汇票上可以记载本法规定事项以外的其他出票事项，但是该记载事项不具有汇票上的效力。

第二十五条　付款日期可以按照下列形式之一记载：

（一）见票即付；

（二）定日付款；

（三）出票后定期付款；

（四）见票后定期付款。

前款规定的付款日期为汇票到期日。

第二十六条　出票人签发汇票后，即承担保证该汇票承兑和付款的责任。出票人在汇票得不到承兑或者付款时，应当向持票人清偿本法第七十条、第七十一条规定的金额和费用。

第二节　背书

第二十七条　持票人可以将汇票权利转让给他人或者将一定的汇票权利授予他人行使。

出票人在汇票上记载"不得转让"字样的，汇票不得转让。

持票人行使第一款规定的权利时，应当背书并交付汇票。

背书是指在票据背面或者粘单上记载有关事项并签章的票据行为。

第二十八条　票据凭证不能满足背书人记载事项的需要，可以加附粘单，粘附于票据凭证上。

粘单上的第一记载人，应当在汇票和粘单的粘接处签章。

第二十九条 背书由背书人签章并记载背书日期。

背书未记载日期的，视为在汇票到期日前背书。

第三十条 汇票以背书转让或者以背书将一定的汇票权利授予他人行使时，必须记载被背书人名称。

第三十一条 以背书转让的汇票，背书应当连续。持票人以背书的连续，证明其汇票权利；非经背书转让，而以其他合法方式取得汇票的，依法举证，证明其汇票权利。

前款所称背书连续，是指在票据转让中，转让汇票的背书人与受让汇票的被背书人在汇票上的签章依次前后衔接。

第三十二条 以背书转让的汇票，后手应当对其直接前手背书的真实性负责。

后手是指在票据签章人之后签章的其他票据债务人。

第三十三条 背书不得附有条件。背书时附有条件的，所附条件不具有汇票上的效力。

将汇票金额的一部分转让的背书或者将汇票金额分别转让给二人以上的背书无效。

第三十四条 背书人在汇票上记载"不得转让"字样，其后手再背书转让的，原背书人对后手的被背书人不承担保证责任。

第三十五条 背书记载"委托收款"字样的，被背书人有权代背书人行使被委托的汇票权利。但是，被背书人不得再以背书转让汇票权利。

汇票可以设定质押；质押时应当以背书记载"质押"字样。被背书人依法实现其质权时，可以行使汇票权利。

第三十六条 汇票被拒绝承兑、被拒绝付款或者超过付款提示期限的，不得背书转让；背书转让的，背书人应当承担汇票责任。

第三十七条 背书人以背书转让汇票后，即承担保证其后手所持汇票承兑和付款的责任。背书人在汇票得不到承兑或者付款时，应当向持票人清偿本法第七十条、第七十一条规定的金额和费用。

第三节 承兑

第三十八条 承兑是指汇票付款人承诺在汇票到期日支付汇票金额的票据行为。

第三十九条 定日付款或者出票后定期付款的汇票，持票人应当在汇票到期日前向付款人提示承兑。

提示承兑是指持票人向付款人出示汇票，并要求付款人承诺付款的行为。

第四十条 见票后定期付款的汇票，持票人应当自出票日起一个月内向付款人提示承兑。

汇票未按照规定期限提示承兑的，持票人丧失对其前手的追索权。

见票即付的汇票（银行汇票）无需提示承兑。

第四十一条 付款人对向其提示承兑的汇票，应当自收到提示承兑的汇票之日起三日内承兑或者拒绝承兑。

付款人收到持票人提示承兑的汇票时，应当向持票人签发收到汇票的回单。回单上应当记明汇票提示承兑日期并签章。

第四十二条　付款人承兑汇票的，应当在汇票正面记载"承兑"字样和承兑日期并签章；见票后定期付款的汇票，应当在承兑时记载付款日期。

汇票上未记载承兑日期的，以前条第一款规定期限的最后一日为承兑日期。

第四十三条　付款人承兑汇票，不得附有条件；承兑附有条件的，视为拒绝承兑。

第四十四条　付款人承兑汇票后，应当承担到期付款的责任。

第四节　保证

第四十五条　汇票的债务可以由保证人承担保证责任。

保证人由汇票债务人以外的他人担当。

第四十六条　保证人必须在汇票或者粘单上记载下列事项：

（一）表明"保证"的字样；

（二）保证人名称和住所；

（三）被保证人的名称；

（四）保证日期；

（五）保证人签章。

第四十七条　保证人在汇票或者粘单上未记载前条第（三）项的，已承兑的汇票，承兑人为被保证人；未承兑的汇票，出票人为被保证人。

保证人在汇票或者粘单上未记载前条第（四）项的，出票日期为保证日期。

第四十八条　保证不得附有条件；附有条件的，不影响对汇票的保证责任。

第四十九条　保证人对合法取得汇票的持票人所享有的汇票权利，承担保证责任。但是，被保证人的债务因汇票记载事项欠缺而无效的除外。

第五十条　被保证的汇票，保证人应当与被保证人对持票人承担连带责任。汇票到期后得不到付款的，持票人有权向保证人请求付款，保证人应当足额付款。

第五十一条　保证人为二人以上的，保证人之间承担连带责任。

第五十二条　保证人清偿汇票债务后，可以行使持票人对被保证人及其前手的追索权。

第五节　付款

第五十三条　持票人应当按照下列期限提示付款：

（一）见票即付的汇票，自出票日起一个月内向付款人提示付款；

（二）定日付款、出票后定期付款或者见票后定期付款的汇票，自到期日起十日内向承兑人提示付款。

持票人未按照前款规定期限提示付款的，在作出说明后，承兑人或者付款人仍应当继续对持票人承担付款责任。

通过委托收款银行或者通过票据交换系统向付款人提示付款的，视同持票人提示付款。

第五十四条 持票人依照前条规定提示付款的，付款人必须在当日足额付款。

第五十五条 持票人获得付款的，应当在汇票上签收，并将汇票交给付款人。持票人委托银行收款的，受委托的银行将代收的汇票金额转账收入持票人账户，视同签收。

第五十六条 持票人委托的收款银行的责任，限于按照汇票上记载事项将汇票金额转入持票人账户。

付款人委托的付款银行的责任，限于按照汇票上记载事项从付款人账户支付汇票金额。

第五十七条 付款人及其代理付款人付款时，应当审查汇票背书的连续，并审查提示付款人的合法身份证明或者有效证件。

付款人及其代理付款人以恶意或者有重大过失付款的，应当自行承担责任。

第五十八条 对定日付款、出票后定期付款或者见票后定期付款的汇票，付款人在到期日前付款的，由付款人自行承担所产生的责任。

第五十九条 汇票金额为外币的，按照付款日的市场汇价，以人民币支付。

汇票当事人对汇票支付的货币种类另有约定的，从其约定。

第六十条 付款人依法足额付款后，全体汇票债务人的责任解除。

第六节 追索权

第六十一条 汇票到期被拒绝付款的，持票人可以对背书人、出票人以及汇票的其他债务人行使追索权。

汇票到期日前，有下列情形之一的，持票人也可以行使追索权：

（一）汇票被拒绝承兑的；

（二）承兑人或者付款人死亡、逃匿的；

（三）承兑人或者付款人被依法宣告破产的或者因违法被责令终止业务活动的。

第六十二条 持票人行使追索权时，应当提供被拒绝承兑或者被拒绝付款的有关证明。

持票人提示承兑或者提示付款被拒绝的，承兑人或者付款人必须出具拒绝证明，或者出具退票理由书。未出具拒绝证明或者退票理由书的，应当承担由此产生的民事责任。

第六十三条 持票人因承兑人或者付款人死亡、逃匿或者其他原因，不能取得拒绝证明的，可以依法取得其他有关证明。

第六十四条 承兑人或者付款人被人民法院依法宣告破产的，人民法院的有关司法文书具有拒绝证明的效力。

承兑人或者付款人因违法被责令终止业务活动的，有关行政主管部门的处罚决定具有拒绝证明的效力。

第六十五条 持票人不能出示拒绝证明、退票理由书或者未按照规定期限提供其他合法证明的，丧失对其前手的追索权。但是，承兑人或者付款人仍应当对持票人承担责任。

第六十六条 持票人应当自收到被拒绝承兑或者被拒绝付款的有关证明之日起三日内，将被拒绝事由书面通知其前手；其前手应当自收到通知之日起三日内书面通知其再前手。持票人也可以同时向各汇票债务人发出书面通知。

　　未按照前款规定期限通知的，持票人仍可以行使追索权。因延期通知给其前手或者出票人造成损失的，由没有按照规定期限通知的汇票当事人承担对该损失的赔偿责任，但是所赔偿的金额以汇票金额为限。

　　在规定期限内将通知按照法定地址或者约定的地址邮寄的，视为已经发出通知。

　　第六十七条　依照前条第一款所作的书面通知，应当记明汇票的主要记载事项，并说明该汇票已被退票。

　　第六十八条　汇票的出票人、背书人、承兑人和保证人对持票人承担连带责任。

　　持票人可以不按照汇票债务人的先后顺序，对其中任何一人、数人或者全体行使追索权。

　　持票人对汇票债务人中的一人或者数人已经进行追索的，对其他汇票债务人仍可以行使追索权。被追索人清偿债务后，与持票人享有同一权利。

　　第六十九条　持票人为出票人的，对其前手无追索权。持票人为背书人的，对其后手无追索权。

　　第七十条　持票人行使追索权，可以请求被追索人支付下列金额和费用：

　　（一）被拒绝付款的汇票金额；

　　（二）汇票金额自到期日或者提示付款日起至清偿日止，按照中国人民银行规定的利率计算的利息；

　　（三）取得有关拒绝证明和发出通知书的费用。

　　被追索人清偿债务时，持票人应当交出汇票和有关拒绝证明，并出具所收到利息和费用的收据。

　　第七十一条　被追索人依照前条规定清偿后，可以向其他汇票债务人行使再追索权，请求其他汇票债务人支付下列金额和费用：

　　（一）已清偿的全部金额；

　　（二）前项金额自清偿日起至再追索清偿日止，按照中国人民银行规定的利率计算的利息；

　　（三）发出通知书的费用。

　　行使再追索权的被追索人获得清偿时，应当交出汇票和有关拒绝证明，并出具所收到利息和费用的收据。

　　第七十二条　被追索人依照前二条规定清偿债务后，其责任解除。

第三章　本票

　　第七十三条　本票是出票人签发的，承诺自己在见票时无条件支付确定的金额给收款人或者持票人的票据。

　　本法所称本票，是指银行本票。

第七十四条 本票的出票人必须具有支付本票金额的可靠资金来源，并保证支付。

第七十五条 本票必须记载下列事项：

（一）表明"本票"的字样；

（二）无条件支付的承诺；

（三）确定的金额；

（四）收款人名称；

（五）出票日期；

（六）出票人签章。

本票上未记载前款规定事项之一的，本票无效。

第七十六条 本票上记载付款地、出票地等事项的，应当清楚、明确。

本票上未记载付款地的，出票人的营业场所为付款地。

本票上未记载出票地的，出票人的营业场所为出票地。

第七十七条 本票的出票人在持票人提示见票时，必须承担付款的责任。

第七十八条 本票自出票日起，付款期限最长不得超过二个月。

第七十九条 本票的持票人未按照规定期限提示见票的，丧失对出票人以外的前手的追索权。

第八十条 本票的背书、保证、付款行为和追索权的行使，除本章规定外，适用本法第二章有关汇票的规定。

本票的出票行为，除本章规定外，适用本法第二十四条关于汇票的规定。

第四章 支票

第八十一条 支票是出票人签发的，委托办理支票存款业务的银行或者其他金融机构在见票时无条件支付确定的金额给收款人或者持票人的票据。

第八十二条 开立支票存款账户，申请人必须使用其本名，并提交证明其身份的合法证件。

开立支票存款账户和领用支票，应当有可靠的资信，并存入一定的资金。

开立支票存款账户，申请人应当预留其本名的签名式样和印鉴。

第八十三条 支票可以支取现金，也可以转账，用于转账时，应当在支票正面注明。

支票中专门用于支取现金的，可以另行制作现金支票，现金支票只能用于支取现金。

支票中专门用于转账的，可以另行制作转账支票，转账支票只能用于转账，不得支取现金。

第八十四条 支票必须记载下列事项：

（一）表明"支票"的字样；

（二）无条件支付的委托；

（三）确定的金额；

（四）付款人名称；

（五）出票日期；

（六）出票人签章。

支票上未记载前款规定事项之一的，支票无效。

第八十五条 支票上的金额可以由出票人授权补记，未补记前的支票，不得使用。

第八十六条 支票上未记载收款人名称的，经出票人授权，可以补记。

支票上未记载付款地的，付款人的营业场所为付款地。

支票上未记载出票地的，出票人的营业场所、住所或者经常居住地为出票地。

出票人可以在支票上记载自己为收款人。

第八十七条 支票的出票人所签发的支票金额不得超过其付款时在付款人处实有的存款金额。

出票人签发的支票金额超过其付款时在付款人处实有的存款金额的，为空头支票。禁止签发空头支票。

第八十八条 支票的出票人不得签发与其预留本名的签名式样或者印鉴不符的支票。

第八十九条 出票人必须按照签发的支票金额承担保证向该持票人付款的责任。

出票人在付款人处的存款足以支付支票金额时，付款人应当在当日足额付款。

第九十条 支票限于见票即付，不得另行记载付款日期。另行记载付款日期的，该记载无效。

第九十一条 支票的持票人应当自出票日起十日内提示付款；异地使用的支票，其提示付款的期限由中国人民银行另行规定。

超过提示付款期限的，付款人可以不予付款；付款人不予付款的，出票人仍应当对持票人承担票据责任。

第九十二条 付款人依法支付支票金额的，对出票人不再承担受委托付款的责任，对持票人不再承担付款的责任。但是，付款人以恶意或者有重大过失付款的除外。

第九十三条 支票的背书、付款行为和追索权的行使，除本章规定外，适用本法第二章有关汇票的规定。

支票的出票行为，除本章规定外，适用本法第二十四条、第二十六条关于汇票的规定。

第五章　涉外票据的法律适用

第九十四条 涉外票据的法律适用，依照本章的规定确定。

前款所称涉外票据，是指出票、背书、承兑、保证、付款等行为中，既有发生在中华人民共和国境内又有发生在中华人民共和国境外的票据。

第九十五条 中华人民共和国缔结或者参加的国际条约同本法有不同规定的，适用国际条约的规定。但是，中华人民共和国声明保留的条款除外。

本法和中华人民共和国缔结或者参加的国际条约没有规定的，可以适用国际惯例。

第九十六条　票据债务人的民事行为能力，适用其本国法律。

票据债务人的民事行为能力，依照其本国法律为无民事行为能力或者为限制民事行为能力而依照行为地法律为完全民事行为能力的，适用行为地法律。

第九十七条　汇票、本票出票时的记载事项，适用出票地法律。

支票出票时的记载事项，适用出票地法律，经当事人协议，也可以适用付款地法律。

第九十八条　票据的背书、承兑、付款和保证行为，适用行为地法律。

第九十九条　票据追索权的行使期限，适用出票地法律。

第一百条　票据的提示期限、有关拒绝证明的方式、出具拒绝证明的期限，适用付款地法律。

第一百零一条　票据丧失时，失票人请求保全票据权利的程序，适用付款地法律。

第六章　法律责任

第一百零二条　有下列票据欺诈行为之一的，依法追究刑事责任：

（一）伪造、变造票据的；

（二）故意使用伪造、变造的票据的；

（三）签发空头支票或者故意签发与其预留的本名签名式样或者印鉴不符的支票，骗取财物的；

（四）签发无可靠资金来源的汇票、本票，骗取资金的；

（五）汇票、本票的出票人在出票时作虚假记载，骗取财物的；

（六）冒用他人的票据，或者故意使用过期或者作废的票据，骗取财物的；

（七）付款人同出票人、持票人恶意串通，实施前六项所列行为之一的。

第一百零三条　有前条所列行为之一，情节轻微，不构成犯罪的，依照国家有关规定给予行政处罚。

第一百零四条　金融机构工作人员在票据业务中玩忽职守，对违反本法规定的票据予以承兑、付款或者保证的，给予处分；造成重大损失，构成犯罪的，依法追究刑事责任。

由于金融机构工作人员因前款行为给当事人造成损失的，由该金融机构和直接责任人员依法承担赔偿责任。

第一百零五条　票据的付款人对见票即付或者到期的票据，故意压票，拖延支付的，由金融行政管理部门处以罚款，对直接责任人员给予处分。

票据的付款人故意压票，拖延支付，给持票人造成损失的，依法承担赔偿责任。

第一百零六条　依照本法规定承担赔偿责任以外的其他违反本法规定的行为，给他人造成损失的，应当依法承担民事责任。

第七章　附则

第一百零七条　本法规定的各项期限的计算，适用民法通则关于计算期间的规定。

按月计算期限的，按到期月的对日计算；无对日的，月末日为到期日。

第一百零八条　汇票、本票、支票的格式应当统一。

票据凭证的格式和印制管理办法，由中国人民银行规定。

第一百零九条　票据管理的具体实施办法，由中国人民银行依照本法制定，报国务院批准后施行。

第一百一十条　本法自 1996 年 1 月 1 日起施行。

参考文献

一、法律法规

1.《中华人民共和国会计法》

2.《会计基础工作规范》

3.《会计档案管理办法》

4.《人民币银行结算账户管理办法》

5.《支付结算办法》

6.《中华人民共和国票据法》

二、书籍

1. 杜珊等：《基础会计应用技能》，科学出版社，2011 年。

2. 左卫青：《出纳实务》，山东人民出版社，2011 年。

3. 刘晓光，崔维：《新手学出纳》，人民邮政出版社，2008 年。

4. 田国强：《出纳实务》，立信会计出版社，2006 年。

5. 财政部会计资格评价中心：《初级会计实务》，中国财政经济出版社，2007 年。